Dorothy Sayers
Und es schweifen leise Schauer

SERIE PIPER
Band 5518

Zu diesem Buch

Vom kleinen Diebstahl bis zum kaltblütigen Mord ist in diesen Erzählungen die Rede, von Verbrechen aus Habgier, verletzter Eitelkeit und Eifersucht. Dennoch steht in der Mehrzahl der Geschichten nicht so sehr die Aufdeckung der Tat im Vordergrund – die dem scharfsinnigen Lord Peter Wimsey in vier Fällen rasch gelingt – als vielmehr die psychologische Durchleuchtung der handelnden Personen: Was geht, beispielsweise, in dem Gentleman vor, der davon überzeugt ist, nur auf die Moschuskatze geschossen zu haben, was in dem jungen Dramatiker, als er plötzlich den verhaßten Hauptdarsteller seines Stückes unauffällig loswerden kann? Und was in dem geheimnisvollen Fremden, den es durch ganz England treibt, das Rezept für den perfekten Mord in der Tasche? Sind sie Verbrecher – oder doch nicht? Die Autorin selbst verzichtet angesichts der undurchschaubaren menschlichen Natur und ihrer vielfältigen Verstrickungen auf einhellige Antworten – sie läßt den Ausgang offen und stellt dem Leser das Urteil anheim.

Dorothy Leigh Sayers, am 13. Juni 1893 als Tochter eines Geistlichen in Oxford geboren, gestorben am 17. Dezember 1957 in Witham/Essex. Studierte am Somerville College in Oxford Philologie, Literatur des Mittelalters und Romanistik und legte dort 1915 als eine der ersten Frauen ihr Examen ab. Lehrtätigkeit in Hull, ab 1921 zehn Jahre in einer Werbeagentur in London beschäftigt.
Schrieb Kriminalromane und -erzählungen (alle zwischen 1923 und 1939 erschienen), in deren Mittelpunkt zumeist der Amateurdetektiv Lord Peter Wimsey steht, sowie ab dem Zweiten Weltkrieg religionsphilosophische Essays und religiöse Versdramen. Erhielt 1950 für ihre Verdienste um die Detektivliteratur den Ehrendoktor der Universität Durham.

Dorothy Sayers

Und es schweifen leise Schauer

Zehn Erzählungen

Aus dem Englischen von
Maria Meinert
und Gerlinde Quenzer

Piper
München Zürich

SERIE PIPER
SPANNUNG
Herausgegeben von Friedrich Kur

Die vorliegende Auswahl ist den folgenden bei Victor Gollancz Limited, London, und auf deutsch im Scherz Verlag, Bern und München, erschienenen Erzählungsbänden von Dorothy Sayers entnommen:
Aus *Lord Peter Views the Body* (1928; dt. *Die Katze im Sack*, 1959): »Der Mann mit den Kupferfingern«;
aus *Hangman's Holiday* (1933; dt. *Der Mann, der Bescheid wußte*, 1967): »Der Mann, der Bescheid wußte«, »Das Perlenhalsband«, »Wasserspiele« und »Die Entführung«;
aus *In the Teeth of Evidence* (1939; dt. *Feuerwerk*, 1963): »Die Moschuskatze«, »Blutrache«, »Ganz woanders«, »Pfeil überm Haus« und »Strupps«.

ISBN 3-492-15518-9
Mai 1987
R. Piper GmbH & Co. KG, München
Lizenzausgabe mit Genehmigung des Scherz Verlags, Bern und München

Umschlag: Federico Luci, unter Verwendung einer Zeichnung von Beate Brömse
Photo Umschlagrückseite: Bilderdienst Süddeutscher Verlag, München
Gesamtherstellung: Clausen & Bosse, Leck
Printed in Germany

Die Moschuskatze

Es ist wirklich anständig von Ihnen, mich hier aufzusuchen, Harringay. Glauben Sie mir, ich rechne Ihnen das hoch an. Nicht jeder vielbeschäftigte Anwalt würde sich so viel Mühe um einen so hoffnungslosen Klienten machen. Ich wünschte nur, ich könnte Ihnen eine Geschichte erzählen, mit der sich etwas anfangen ließe, aber, offen gestanden, kann ich Ihnen nur das sagen, was Peabody bereits von mir gehört hat. Ich weiß natürlich, daß er kein Wort davon glaubt, und nehme es ihm nicht übel. Er ist der Ansicht, daß ich eine glaubwürdigere Geschichte erfinden könnte – und damit hat er wahrscheinlich recht, aber was hat das für einen Zweck? Man fällt doch irgendwo herein, wenn man sich in Lügen verstrickt. Was ich Ihnen jetzt sage, ist die absolute Wahrheit. Ich habe einen einzigen Schuß abgefeuert, und nur diesen einen. Und zwar auf die Katze. Komisch, daß man gehängt werden soll, weil man auf eine Katze geschossen hat.

Merridew und ich waren stets die besten Freunde, schon auf der Schule und der Universität. Nach dem Krieg sahen wir nicht viel voneinander, weil wir in entgegengesetzten Teilen des Landes wohnten. Aber wir trafen uns von Zeit zu Zeit in London und schrieben uns gelegentlich; jeder von uns wußte, daß der andere sozusagen im Hintergrund existierte. Vor zwei Jahren schrieb er mir, daß er sich verheiraten würde. Er war gerade vierzig geworden, und das Mädchen war fünfzehn Jahre jünger, und er war maßlos in sie verliebt. Es versetzte mir einen ziemlichen Stoß – Sie wissen ja, wie es ist, wenn Ihre Freunde heiraten. Man hat das Gefühl, daß sie nie wieder die alten sein werden, und ich hatte mich an den Gedanken gewöhnt, daß Merridew und ich geborene Junggesellen seien. Aber ich gratulierte ihm natürlich, schickte ihm ein Hochzeitsgeschenk und hoffte aufrichtig, daß er glücklich werden würde. Er war offenbar bis über beide Ohren verliebt –

gefährlich verliebt, obwohl es, abgesehen von dem Altersunterschied, anscheinend eine ganz passende Partie war. Er hatte sie ausgerechnet bei der Gartengesellschaft eines Pfarrers in Norfolk kennengelernt, und sie war noch nie aus ihrem Heimatdorf herausgekommen, nicht einmal in die nächste Stadt gefahren. Ihr Vater war ein merkwürdiger Einsiedler – ein Kenner des Mittelalters oder so etwas Ähnliches – schrecklich arm. Er starb kurz nach ihrer Heirat.

Während des ersten Jahres nach der Hochzeit sah ich nichts von ihnen, Merridew ist nämlich Ingenieur, und er nahm seine Frau nach den Flitterwochen mit nach Liverpool, wo er am Hafen zu tun hatte. Es muß für sie eine große Veränderung gewesen sein nach der Einöde von Norfolk. Ich war damals in Birmingham und steckte bis über die Ohren in Arbeit. Wir tauschten daher nur gelegentliche Briefe aus. Seine Briefe kann ich nur als wahnsinnig glücklich bezeichnen, besonders die der Anfangszeit. Später schien er sich um die Gesundheit seiner Frau zu sorgen. Sie war ruhelos; das Leben in der Stadt bekam ihr nicht; er war froh, als er seinen Job in Liverpool aufgeben und mit ihr auf dem Lande leben konnte. Wohlverstanden, an ihrem Glück war nicht zu zweifeln. Er war ihr mit Leib und Seele zugetan und sie ihm ebenfalls, soweit ich feststellen konnte. Das möchte ich deutlich hervorheben.

Kurz und gut, Merridew schrieb mir zu Anfang des vorigen Monats und teilte mir mit, daß er eine neue Arbeit in Somerset angenommen habe. Er fragte an, ob ich mich nicht freimachen und einige Wochen mit ihnen zusammen verbringen könne. Sie hätten Zimmer im Gasthaus des Dorfes. Es sei ein ziemlich abgelegener Flecken, aber landschaftlich reizvoll und ein Anglerparadies, und ich könne Felicitas Gesellschaft leisten, während er am Damm arbeite. Ich hatte damals gerade genug von Birmingham und der Hitze, und der Vorschlag erschien mir verlockend. Außerdem standen mir Ferien zu. Also ging ich darauf ein. Ich hatte erst noch etwas in London zu tun, was mich voraussichtlich eine Woche in Anspruch nahm, und setzte daher meine Ankunft in Little Hexham auf den zwanzigsten Juni fest.

Zufällig wickelten sich meine Geschäfte in London unerwartet rasch ab, und am sechzehnten war ich frei. Ich hockte in einem Hotel, wo unter meinen Fenstern Preßluftbohrer und andere Baumaschinen einen Höllenlärm machten. Sie erinnern sich wohl noch an diesen glühend heißen Juni? Ich hielt es für sinnlos, länger zu warten. Also schickte ich Merridew ein Telegramm, packte meine Koffer und fuhr noch am selben Abend nach Somerset. Ich konnte kein Abteil für mich allein bekommen, entdeckte aber ein Raucherabteil erster Klasse, in dem nur drei Plätze besetzt waren, und drückte mich dankbar in die vierte Ecke. Die anderen Fahrgäste waren ein militärisch aussehender alter Herr, eine alte Jungfer mit einer Unmenge von Koffern und Körben und ein junges Mädchen. Ich glaubte, eine angenehme, ruhige Reise vor mir zu haben.

Diese Vermutung hätte sich auch erfüllt, wenn ich nicht so unglücklich veranlagt wäre. Zuerst war alles in bester Ordnung. Ich duselte sogar ein und wachte erst um sieben Uhr wieder auf, als der Kellner zum Abendessen aufforderte. Die anderen gingen nicht zum Essen, und als ich aus dem Speisewagen zurückkam, war der alte Herr verschwunden. Nur die beiden Frauen waren noch da. Ich machte es mir wieder in meiner Ecke gemütlich, aber nach einer Weile beschlich mich das gräßliche Gefühl, daß irgendwo im Abteil eine Katze sei. Ich gehöre zu jenen unglückseligen Leuten, die Katzen nicht ertragen können. Nicht, daß ich Hunde vorzöge – aber die Anwesenheit einer Katze im selben Raum übt eine verheerende Wirkung auf mich aus. Ich kann es nicht beschreiben, aber ich glaube, es geht einer ganzen Reihe von Leuten ebenso. Soll mit Elektrizität zu tun haben, wie man mir erklärt hat. Ich habe gelesen, daß die Abneigung oft auf beiden Seiten besteht. In meinem Falle leider nicht. Die Biester finden mich im Gegenteil faszinierend und schießen jedesmal auf meine Beine los. Ein komisches Leiden, das mich bei alten Damen nicht gerade beliebt macht.

Auf alle Fälle ging es mir von Minute zu Minute schlechter, und ich kam zu der Überzeugung, daß die alte Dame in einem ihrer Körbe eine Katze haben mußte. Ich überlegte, ob ich sie bitten sollte, den Korb in den Gang zu stellen, oder ob ich den Schaffner rufen sollte. Aber ich war mir bewußt, wie lächerlich das klingen würde, und nahm mir vor, die Zähne zusammenzubeißen. Ich versuchte mich abzulenken, indem ich das junge Mädchen betrachtete.

Der Anblick lohnte sich – sie war sehr schlank, dunkel, und ihre weiße Haut erinnerte an Magnolienblüten. Auch hatte sie die seltsamsten Augen der Welt: ein sehr blasses Braun, fast bernsteinfarben, weit auseinanderliegend und etwas schräggestellt, und sie schienen eine eigene Leuchtkraft zu besitzen. Aber denken Sie jetzt nicht, daß es mich erwischt hatte. Sie besaß durchaus keine Anziehungskraft für mich, doch konnte ich mir vorstellen, daß ein anderer Mann ganz wild auf sie sein mochte. Sie war einfach ungewöhnlich, weiter nichts. Aber wie sehr ich mich auch abzulenken versuchte, ich konnte des unbehaglichen Gefühls nicht Herr werden. Schließlich gab ich es auf und trat auf den Gang. Wenn Sie sich nur vorstellen könnten, wie elend mir in Gegenwart einer Katze wird – selbst wenn sie in einem Korb verschlossen ist –, Sie würden verstehen, wie ich dazu kam, den Revolver zu kaufen!

Nun, wir kamen in Hexham Junction, der Bahnstation von Hexham an, und da stand der gute Merridew auf dem Bahnsteig und wartete. Die junge Dame stieg ebenfalls aus, und ich stellte gerade ihre Siebensachen auf den Bahnsteig, als er herbeieilte und uns begrüßte.

»Hallo!« rief er. »Das ist ja prächtig. Habt ihr euch schon miteinander bekannt gemacht?« Da ging mir auf, daß das Mädchen Mrs. Merridew war, die in London Einkäufe gemacht hatte. Ich erklärte ihr, weshalb ich meine Pläne geändert hätte, und sie erwiderte, wie schön es sei, daß ich gekommen sei – die üblichen Redensarten. Ich freute mich an ihrer tiefen, sympathischen Stimme und ihren graziösen Bewegungen und konnte Merridews Vernarrtheit verstehen, aber wohlgemerkt, ohne sie zu teilen.

Wir stiegen in seinen Wagen. Mrs. Merridew saß hinten

und ich neben ihrem Mann. Ich war froh, in der frischen Luft zu sein und das bedrückende, gespannte Gefühl loszuwerden, das mich im Zug gequält hatte. Merridew erzählte mir, daß die Gegend ihnen außergewöhnlich gut gefalle; Felicitas sei ein ganz anderer Mensch geworden, auch er selbst fühle sich gekräftigt. Auf mich persönlich machte er jedoch einen ziemlich abgekämpften und nervösen Eindruck.

Das Gasthaus hätte Ihnen gefallen, Harringay. Eins von der guten alten Sorte – altmodisch und wunderlich, und alles echte Antiquitäten, keine Imitationen aus der Tottenham Court Road. Na, wir hatten alle zu Abend gegessen, Mrs. Merridew war müde und ging früh zu Bett, Merridew und ich tranken noch ein Gläschen in der Gaststube und machten dann einen Bummel durchs Dorf – ein winziges Fleckchen am Ende der Welt mit kleinen strohgedeckten Häusern, wo um zehn Uhr schon alles in tiefstem Schlafe lag.

Der Wirt – ein Klotz von einem Mann mit einem völlig ausdruckslosen Gesicht – schloß gerade die Bar ab, als wir zurückkehrten.

Man hatte mir ein vortreffliches Zimmer gegeben, dicht unter dem Dach, mit einem breiten, niedrigen Fenster, das auf den Garten ging. Die Bettwäsche roch nach Lavendel, und ich hatte mich kaum zugedeckt, da war ich schon eingeschlafen. Irgendwann in der Nacht wachte ich auf. Da es mir heiß war, nahm ich einige Decken vom Bett und ging ans Fenster, um frische Luft zu schöpfen. Der Garten war vom Mondlicht überflutet, und ich konnte sehen, wie sich auf dem Rasen etwas merkwürdig drehte und wand. Nach einer Weile erkannte ich, daß es zwei Katzen waren. In dieser Entfernung beunruhigten sie mich nicht, und ich sah ihnen eine Weile zu, ehe ich wieder zu Bett ging. Sie balgten sich, sprangen auseinander und jagten ihrem eigenen Schatten nach. Es wirkte wie ein ritueller Tanz. Dann schien sie etwas stutzig zu machen, und sie huschten davon.

Ich legte mich wieder hin, konnte aber nicht mehr einschlafen. Meine Nerven schienen überreizt zu sein. Ich lag da und sah auf das Fenster, während ich auf ein weiches Rascheln lauschte, das aus der großen, an dieser Seite des Hauses rankenden Glyzinie kam. Und dann landete plötzlich etwas mit einem weichen Aufprall auf meiner Fensterbank – eine riesige Moschuskatze.

Eine von diesen grau und schwarz gestreiften Katzen. Bei uns zulande nennt man sie so. Noch nie hatte ich eine von dieser Größe gesehen. Sie stand da mit seitwärts geneigtem Kopf und starrte ins Zimmer, während sie die Ohren leise am Fensterkreuz rieb.

Das konnte ich natürlich nicht dulden. Ich verjagte das Biest, das geräuschlos verschwand. Trotz der Hitze schloß ich das Fenster. Fern im Gebüsch glaubte ich ein schwaches Miauen zu hören. Dann Schweigen. Ich schlief endlich wieder ein und rührte mich nicht, bis ich von dem Mädchen geweckt wurde.

Am nächsten Tag nahm uns Merridew in seinem Wagen mit, um uns den Damm zu zeigen. Bei dieser Gelegenheit merkte ich zum erstenmal, daß Mrs. Merridews Nervosität doch noch nicht ganz geheilt war. Merridew zeigte uns die Stelle, wo ein Teil des Flusses in einen kleinen schnellen Wasserlauf verwandelt war, der die Turbine einer elektrischen Anlage speisen sollte. Man hatte ein paar Planken über diesen Bach gelegt, und Merridew wollte uns hinüberführen, um uns die Maschinen zu zeigen. Der Bach war weder breit noch gefährlich, doch Mrs. Merridew weigerte sich entschieden, ihn zu überqueren, und wurde ganz hysterisch, als ihr Mann sie zu überreden versuchte. Schließlich gingen er und ich allein hinüber. Als wir zurückkehrten, hatte sie sich beruhigt und entschuldigte sich wegen ihres Benehmens. Merridew nahm natürlich alle Schuld auf sich, und ich kam mir ein wenig überflüssig vor. Sie erzählte mir später, daß sie als Kind einmal in einen Fluß gefallen und beinahe ertrunken sei, und seitdem habe sie einen Widerwillen gegen fließendes Wasser. Abgesehen von dieser unbedeutenden Episode, habe ich während meines ganzen Aufenthalts nie gehört, daß die beiden sich gestritten hätten. Auch bemerkte ich eine ganze Woche lang nichts, das auf einen Defekt in Mrs. Merridews strahlender Gesundheit schließen ließ. Im Gegenteil, als Mittsommer näher rückte und die Hitze intensiver wurde, schien ihr ganzer Körper vor Vitalität zu glühen. Es war, als ob sie von innen her leuchtete.

Merridew war den ganzen Tag draußen am Damm und arbeitete sehr viel, meiner Ansicht nach zuviel. Ich fragte ihn, ob er schlecht schlafe. Im Gegenteil, erwiderte er, er schlafe ein, sobald sein Kopf auf dem Kissen liege, und habe – was höchst ungewöhnlich für ihn sei – überhaupt keine Träume. Ich selbst schlief auch ganz gut, aber die Hitze machte mich schlapp. Mrs. Merridew unternahm lange Autofahrten mit mir. Ich lehnte stundenlang im Wagen, durch den warmen Lufthauch und das Summen des Motors eingelullt, und blickte hin und wieder auf meine Fahrerin, die kerzengerade am Steuer saß, die Augen unverwandt auf das Fließband der Straße gerichtet. Wir durchstreiften die ganze Gegend südlich und östlich von Little Hexham, und ein paarmal stießen wir sogar im Norden bis Bath vor. Einmal schlug ich vor, über die Brücke in einen Wald zu fahren. Doch Mrs. Merridew war von dieser Idee nicht entzückt. Sie sagte, die Straße sei schlecht und das Landschaftsbild auf der anderen Seite der Brücke enttäuschend.

Im großen und ganzen verbrachte ich eine angenehme Woche in Little Hexham, und wenn die Katzen nicht gewesen wären, hätte ich mich durchaus behaglich gefühlt. Aber jede Nacht suchten sie den Garten heim. Die Moschuskatze, die ich in der ersten Nacht gesehen hatte, dazu eine kleine rötliche und ein stinkender schwarzer Kater waren besonders lästig. Ich bombardierte meine Besucher mit Stiefeln und Büchern bis zum Überdruß, aber sie schienen entschlossen, den Wirtshausgarten zu ihrem Treffpunkt zu machen. Die Plage wurde von Nacht zu Nacht schlimmer. Einmal zählte ich fünfzehn Katzen, die auf ihren Hinterteilen saßen und einen Kreis bildeten, während die Moschuskatze ihren Schattentanz tanzte und wie ein Weberschiffchen zwischen ihnen hindurchglitt. Ich mußte bei geschlossenem Fenster schlafen; denn die Moschuskatze hatte es sich zur Gewohnheit gemacht, an der Glyzinie emporzuklettern. Die Tür mußte ich ebenfalls schließen; denn als ich einmal hinuntergegangen war, um etwas aus dem Wohnzimmer zu holen, fand ich sie auf meinem Bett, wo sie mit in sinnlicher Ekstase geschlossenen Augen die Decke mit den Pfoten knetete – pr'rp pr'rp pr'rp. Ich jagte sie fort, und sie fauchte mich an, als sie in den dunklen Korridor flüchtete.

Ich erkundigte mich bei der Wirtin nach ihr und erhielt die abweisende Antwort, daß man im Gasthaus keine Katzen halte. Bei Tage habe ich auch niemals eine dieser Kreaturen gesehen. Aber eines Abends in der Dämmerung traf ich den Wirt in einem der Nebengebäude. Auf seiner Schulter hockte die rötliche Katze, und er fütterte sie mit Leberstückchen. Ich machte ihm Vorhaltungen darüber, daß er die Katzen zu sehr an diesen Platz gewöhne, und fragte ihn, ob ich ein anderes Zimmer bekommen könne, da mich das nächtliche Katzengeschrei störe. Er murmelte, daß er mit seiner Frau darüber sprechen wolle. Aber es blieb alles beim alten.

Und dazu wurde es von Tag zu Tag schwüler, als ob ein Gewitter im Anzug sei. Der Himmel war wie Messing und die Erde wie Eisen, und die Luft zitterte, daß es den Augen weh tat, sie anzusehen...

Na schön, Harringay, ich werde mich kürzer fassen. Jedenfalls verschweige ich Ihnen nichts. Meine Beziehungen zu Mrs. Merridew waren durchaus normal. Natürlich waren wir sehr viel zusammen, da Merridew ja den ganzen Tag fort war. Wir fuhren morgens mit ihm zum Damm und brachten den Wagen wieder mit zurück. Bis zum Abend mußten wir uns so gut unterhalten wie es ging. Sie schien ganz gern in meiner Gesellschaft zu sein, und ich hatte nichts gegen sie einzuwenden. Ich kann Ihnen nicht sagen, worüber wir sprachen – nichts Besonderes. Sie war keine redselige Frau. Sie konnte stundenlang in der Sonne liegen, ohne viel zu sagen; gab einfach ihren Körper dem Licht und der Wärme hin. Manchmal spielte sie einen ganzen Nachmittag mit einem Zweig oder einem Kieselstein, während ich dabeisaß und rauchte. Beruhigend? Nein. Nein – so möchte ich sie eigentlich nicht nennen.

Auf mich wirkte sie jedenfalls nicht so. Abends wurde sie lebhafter und redete etwas mehr, aber im allgemeinen ging sie früh zu Bett und ließ Merridew und mich bei unserer Unterhaltung im Garten allein.

Ach, der Revolver. Natürlich. Ich kaufte ihn in Bath, als ich genau eine Woche in Little Hexham war. Wir fuhren morgens hin, und während Mrs. Merridew einige Sachen für ihren Mann besorgte, stöberte ich in den Altwarenläden herum. Ich hatte beabsichtigt, mir ein Luftgewehr oder eine Schrotflinte oder etwas Ähnliches zu besorgen, und dann sah ich den Revolver. Sie haben ihn natürlich auch gesehen. Er ist sehr klein – fast ein Spielzeug, wie es in den Büchern immer heißt, aber dennoch eine tödliche Waffe. Der Alte, der ihn mir verkaufte, schien sich mit Schießwaffen nicht auszukennen. Er hatte ihn vor einiger Zeit als Pfand angenommen, wie er mir sagte, zusammen mit zehn Kugeln. Er machte keine Schwierigkeiten wegen eines Waffenscheins – war sicher froh, daß er das Ding verkaufen konnte. Ich erwähnte im Scherz, daß ich mir ein paar Katzen aufs Korn nehmen wolle. Bei dieser Bemerkung schien er aufzuhorchen und fragte mich, wo ich wohne. Ich erwiderte: »In Little Hexham.«

»Ich rate Ihnen, vorsichtig zu sein, Sir«, sagte er. »Sie halten da unten viel von ihren Katzen und glauben, es bringt Unglück, wenn man sie tötet.« Und dann fügte er noch etwas hinzu, das ich nicht richtig verstanden habe, etwas von einer silbernen Kugel. Er war ein tatteriger alter Mann und schien jetzt Bedenken zu hegen, ob er mir den Revolver anvertrauen könne, aber ich versicherte ihm, daß ich keine Dummheiten damit machen würde. Er sah mir von der Ladentür aus nach, während er nachdenklich an seinem Bart zupfte.

In der Nacht kam das Gewitter. Der Himmel hatte sich gegen Abend in Blei verwandelt, aber die schwüle Hitze war noch drückender als der Sonnenschein. Beide Merridews schienen hochgradig nervös zu sein – er war verdrießlich und verwünschte das Wetter und die Fliegen, sie war von einer merkwürdigen, vibrierenden Erregung befallen. Ein nahendes Gewitter wirkt auf manche Menschen so. Mir erging es nicht viel besser, und zu allem Übel beschlich mich das Gefühl, daß das Haus voller Katzen sei. Ich konnte sie nicht sehen, wußte aber, daß sie da waren, hinter den Schränken lauerten und lautlos durch die Korridore huschten. Es war mir kaum möglich, im Gastzimmer zu sitzen; ich war froh, als ich mich endlich auf mein Zimmer verziehen konnte. Katzen hin, Katzen her, ich mußte das Fenster öffnen. Ich saß da, mit aufgeknöpfter Pyjamajacke, und versuchte einen Lufthauch zu erhaschen. Aber der Raum war wie das Innere eines Ofens. Und stockdunkel. Von meinem Fenster aus konnte ich kaum sehen, wo das Gebüsch aufhörte und der Rasen begann. Doch die Katzen konnte ich hören und fühlen. Es kratzte in der Glyzinie und raschelte in den Blättern, und gegen elf Uhr begann eine von ihnen das Konzert mit einem langen, häßlichen Jammerschrei. Eine nach der anderen fiel ein – ich möchte schwören, daß es mindestens fünzig waren! Und bald darauf beschlich mich wieder dieses widerliche Gefühl, das meine Haut kribbeln ließ, und ich wußte, daß sich eine der Katzen in der Dunkelheit an mich heranpirschte. Ich blickte mich um, und da stand sie, die große Moschuskatze, dicht an meiner Schulter und ihre Augen glühten wie grüne Lampen. Mit einem gellenden Schrei schlug ich nach ihr, und sie sprang fauchend in die Tiefe. Ich hörte sie auf dem Kies landen, und überall im Garten brach von neuem ein heftiges Gejaule aus. Im nächsten Augenblick herrschte völlige Stille. In der Ferne sah man einen züngelnden blauen Blitz – kurz darauf noch einen. Beim ersten erkannte ich, daß die Gartenmauer der Länge nach von Katzen besetzt war, wie der Fries in einem Kinderzimmer. Beim zweiten Blitz war die Mauer leer.

Um zwei Uhr kam der Regen. Drei Stunden lang hatte ich am Fenster gesessen und beobachtet, wie die Blitze über den Himmel zuckten, und mich am Krachen des Donners ergötzt. Das Gewitter schien die elektrischen Spannungen aus meinem Körper entfernt zu haben – ich hätte vor Erregung und Erleichterung schreien können. Dann fielen die ersten schweren Tropfen, die bald in einen kräftigen Regen übergingen. Schließlich die Sintflut. Mit einem Geräusch wie von fallenden Stahlstäben prasselte der Regen auf den ausgedörrten Boden. Der Erdgeruch drang berauschend ins Zimmer, und der zunehmende Wind schleuderte mir die Tropfen ins Gesicht. Ich hörte am anderen Ende des Korridors ein Fenster zuschlagen, aber ich lehnte mich weit hinaus und ließ Kopf und Schultern vom Regen überfluten. Der Donner grollte noch von Zeit zu Zeit, aber weniger laut und in weiterer Ferne, und im Schein eines gelegentlichen Blitzes sah ich das weiße Gitterwerk des fallenden Wassers zwischen mir und dem Garten.

Nach einem dieser Donnerschläge vernahm ich ein Klopfen an meiner Tür. Ich öffnete und auf der Schwelle stand Merridew mit einer Kerze in der Hand und schreckensbleich.

»Felicitas!« sagte er. »Sie ist krank. Ich kann sie nicht wach bekommen. Um Himmels willen, komm und hilf mir!«

Ich folgte ihm in sein Zimmer. Hier standen zwei Betten – ein mit karmesinrotem Damast behangenes Himmelbett und ein schmales, nahe ans Fenster gerücktes Feldbett. Das schmale Bett war leer. Die beiseitegeworfenen Decken deuteten darauf hin, daß Merridew sich gerade von diesem Lager erhoben hatte. Im Himmelbett lag Mrs. Merridew, nackt, nur mit einem Laken bedeckt. Ihr langes schwarzes Haar hing in zwei Zöpfen über ihre Schultern. Ihr Gesicht war wächsern, eingefallen wie bei einer Leiche, und ihr Puls so schwach, daß ich ihn zuerst kaum finden konnte. Sie atmete langsam und flach, und ihre Haut fühlte sich kalt an. Ich schüttelte sie, aber ohne jede Wirkung. Dann zog ich ihre Augenlider hoch und sah, daß die Iris unter den Lidern verschwunden war, so daß nur noch das Weiße sichtbar war. Ich berührte einen der empfindlichen Augäpfel mit meiner Fingerspitze, ohne Reaktion. Ich fragte mich, ob sie wohl ein Rauschgift nähme.

Merridew hielt eine Erklärung für angebracht und stotterte etwas von der Hitze – sie konnte nicht einmal ein seidenes Nachthemd ertragen – *sie* hatte ihm den Vorschlag gemacht, im anderen Bett zu schlafen – er hatte nicht einmal das Gewitter gehört – war erst aufgewacht, als ihm der Regen ins Gesicht strömte. Er war aufgestanden und hatte das Fenster zugemacht. Dann hatte er nach ihr gerufen; er wollte wissen, ob alles in Ordnung sei – er nahm an, daß das Gewitter sie vielleicht erschreckt hätte. Es kam keine Antwort. Dann hatte er eine Kerze angezündet, und ihr Zustand hatte ihm Angst eingejagt – und so weiter.

Ich bat ihn, sich zusammenzunehmen, und sagte, wir wollten versuchen, ihre Blutzirkulation anzuregen, indem wir ihr die Hände und Füße rieben. Ich war überzeugt, daß sie unter dem Einfluß eines Opiats stand. Wir machten uns an die Arbeit: Wir rieben sie, kneteten sie, schlugen sie mit nassen Handtüchern und riefen sie beim Namen. Aber es war, als hätten wir eine Tote vor uns. Daß sie noch lebte, deutete nur das leichte, aber regelmäßige Heben und Senken ihres Busens an, auf dem ich – überrascht, daß die magnolienhafte Weiße irgendwie getrübt war – gerade über dem Herzen ein großes braunes Muttermal entdeckte. Auf meine verstörte Phantasie wirkte es wie eine Wunde und eine Drohung. Wir hatten uns bereits eine Zeitlang heftig abgemüht, als wir durch ein Geräusch vor dem Fenster abgelenkt wurden. Ich ergriff die Kerze und blickte hinaus.

Auf der Fensterbank saß die Moschuskatze und kratzte an der Scheibe. Das nasse Fell klebte ihr am Körper, ihre Augen blickten mich böse an, ihr Maul war in heftigem Protest geöffnet. Sie klammerte sich ungestüm an das Fensterkreuz, während ihre Hinterpfoten kratzend auf dem Holzwerk ausrutschten. Ich hämmerte an die Scheibe und brüllte sie an, und sie schlug wie besessen mit den Pfoten gegen das Glas. Als ich mich fluchend abwandte, stieß sie einen langen, verzweifelten Schrei aus...

Merridew rief mir zu, ich solle die Kerze bringen und das Biest in Ruhe lassen. Ich kehrte ans Bett zurück, aber das Gejammer nahm kein Ende. Ich schlug Merridew vor, den Wirt zu wecken, Wärmflaschen und Brandy zu holen und nach Möglichkeit einen Boten zum Arzt zu schicken. Während er sich auf den Weg machte, fuhr ich mit der Massage fort. Mir war, als ob ihr Puls schwächer würde. Dann fiel mir plötzlich ein, daß ich eine kleine Brandyflasche in meinem Koffer hatte. Ich lief hinaus, um sie zu holen, und sofort hörte das Heulen der Katze auf.

Als ich mein Zimmer betrat, empfand ich den durch das offene Fenster wehenden Luftzug als sehr angenehm. Ich fand meinen Koffer im Dunkeln und wühlte unter Hemden und Socken nach der Flasche, als ich auf einmal ein lautes, triumphierendes »Miau« hörte. Ich drehte mich rasch um und sah gerade noch, wie die Moschuskatze sich auf der Fensterbank duckte, bevor sie an mir vorbei aus dem Zimmer sprang. Ich fand die Flasche und eilte damit zurück, gerade als Merridew und der Wirt die Treppe hinaufstürmten.

Wir betraten alle zusammen das Zimmer, und in diesem Augenblick regte sich Mrs. Merridew, richtete sich auf und fragte uns erstaunt, was denn eigentlich los sei.

Ich bin mir selten blöde vorgekommen.

Am nächsten Tag war es kühler. Das Gewitter hatte die Luft gereinigt. Was Merridew seiner Frau erzählt hatte, weiß ich nicht. Keiner von uns spielte auf den nächtlichen Zwischenfall an, und allem Anschein nach befand sich Mrs. Merridew bei bester Gesundheit und Laune. Merridew nahm sich einen Tag frei, und wir machten alle zusammen eine lange Picknicktour. Wir befanden uns im besten Einvernehmen. Fragen Sie Merridew – er wird es Ihnen bestätigen. Er würde... er könnte bestimmt nichts anderes sagen. Ich kann nicht glauben, Harringay, ich kann einfach nicht glauben, daß er sich vorstellen oder den Verdacht haben könnte, daß ich... Hören Sie, es gab überhaupt nichts, das einen Verdacht erwecken konnte. Gar nichts!

Ja, dies ist das wichtige Datum – der vierundzwanzigste Juni. Ich kann Ihnen keine weiteren Einzelheiten geben; es gibt nichts zu berichten. Wir kehrten zurück und nahmen, wie üblich, unser Dinner ein. Alle drei hatten wir den ganzen Tag bis zum Schlafengehen zusammen verbracht. Ich gebe Ihnen mein Ehrenwort, daß ich an diesem Tag weder mit ihm noch mit ihr irgendeine Privatunterredung hatte. Ich ging als erster zu Bett, und ich hörte, wie die anderen etwa eine halbe Stunde später die Treppe heraufkamen.

Es war eine mondhelle Nacht. Ausnahmsweise störte kein Katzengeschrei die nächtliche Stille. Ich schloß nicht einmal das Fenster oder die Tür. Bevor ich zu Bett ging, legte ich den Revolver neben mich auf den Stuhl. Ja, er war geladen. Ich hatte die Absicht, auf die Katzen zu schießen, falls ihr Treiben wieder losging.

Ich war todmüde und nahm an, daß ich sofort einschlafen würde, aber die Erwartung erfüllte sich nicht. Wahrscheinlich war ich übermüdet. Ich lag im Bett und starrte auf das Mondlicht. Und dann, gegen Mitternacht, hörte ich das, worauf ich unbewußt wohl gewartet hatte: ein verstohlenes Rascheln in der Glyzinie und ein schwaches Miauen.

Ich richtete mich im Bett auf und griff nach dem Revolver. Ich hörte den Aufprall, als die große Katze auf den Fenstersims sprang. Ich sah deutlich die schwarz und silbrig gestreiften Flanken, den Umriß ihres Kopfes, die gespitzten Ohren, den aufgerichteten Schwanz. Ich zielte und drückte ab. Das Biest stieß einen fürchterlichen Schrei aus und sprang ins Zimmer.

Ich schnellte aus dem Bett. Der Knall meines Schusses hallte mit vielfachem Echo durch das schweigende Haus. Irgendwo in der Ferne hörte ich eine Stimme. Mit dem Revolver in der Hand verfolgte ich die Katze in den Korridor, um ihr vollends den Garaus zu machen. Und da sah ich Mrs. Merridew im Türrahmen von Merridews Zimmer. Sie stützte sich mit beiden Händen an den Türpfosten und schwankte hin und her. Dann sank sie vor mir zu Boden. Ihre nackte Brust war über und über mit Blut bedeckt. Als ich, den Revolver umklammernd, dastand und auf sie herabstarrte, kam Merridew heraus und fand uns – so...

Nun, Harringay, das ist meine Geschichte, genau wie ich sie Peabody auch erzählt habe. Ich fürchte, sie wird vor Gericht nicht gut klingen, aber ich kann es nicht ändern. Die Blutspuren führten von meinem Zimmer bis zu ihrem; die Katze muß diesen Weg genommen haben. Ich *weiß*, daß es die Katze war, die ich angeschossen habe. Eine Erklärung kann ich Ihnen nicht geben. Ich kann nicht sagen, wer Mrs. Merridew erschossen hat oder warum. Auch kann ich nichts dafür, wenn die Leute im Gasthaus behaupten, sie hätten die Moschuskatze nie gesehen. Merridew hat sie in jener Nacht gesehen, und ich weiß, daß er es nicht abstreiten wird. Durchsuchen Sie das Haus, Harringay – das ist das einzige, was man tun kann. Kehren Sie das Unterste zuoberst, bis Sie den Kadaver der Moschuskatze finden. In ihm werden Sie meine Kugel entdecken.

Blutrache

Wenn das in diesem Stil so weiterging, würde John Scales bald ein reicher Mann sein. Schon jetzt war er zu beneiden, wie jeder erraten konnte, der nach acht Uhr am King's Theatre vorbeikam. Die alte Florrie, die mit ihrem Streichholztablett schon so viele Jahre an der Ecke gesessen hatte, wußte Bescheid; niemand anders war so gut über das King's Theatre orientiert wie sie. Als sie, nach dem furchtbaren Bühnenbrand, den sie mit vernarbtem Gesicht und einem verdorrten Arm überstanden hatte, ihre Laufbahn aufgeben mußte, hatte sie aus Sentimentalität ihren Stand in der Nähe des Theaters errichtet und wachte immer noch wie eine Mutter über sein Wohlergehen. Sie wußte besser als jeder andere, wieviel Geld eingenommen wurde, wann das Haus ausverkauft war, was für Gehälter gezahlt wurden, wieviel von den Einkünften die fixen Kosten verschlangen und wie groß der Anteil des Autors war. Außerdem wechselte jeder, der durch die Bühnentür ging, ein paar Worte mit Florrie. Sie nahm Anteil an den guten und schlechten Zeiten des Theaters. Sie hatte die durch die Wirtschaftskrise und den Tonfilm verursachten mageren Zeiten beklagt, den Kopf geschüttelt über gefährliche Experimente mit anspruchsvollen Stücken; sie hatte Tränen der Empörung vergossen über die unheilvolle Periode der Scorer-Bitterby-Direktion, die mit einem Skandal endete, und sich gefreut, als der energische Mr. Garrick Drury nach seinem ungeheuren Erfolg in der Titelrolle des Stückes *Der sehnsüchtige Harlekin* das alte Theater übernahm, es von innen und außen renovieren ließ (wobei er gleich zwei Sitzreihen mehr in das Parkett quetschte) und seinen optimistischen Entschluß verkündete, das Theater glücklicheren Zeiten entgegenzuführen. Und seitdem hatte sie den ständigen Aufstieg des Theaters auf den wohlerprobten Flügeln altmodischer Romantik verfolgen können. Mr. Garrick Drury (die Behörden kannten ihn als Obadja Potts, was man jedoch bei seinem guten Aussehen nie vermutet hätte) war ein Intendant und Schauspieler nach Florries Herzen. Er übte seinen Beruf im guten alten Stil aus: baute seine Erfolge auf seiner eigenen glanzvollen Persönlichkeit auf, redete keinen Unsinn über neue dramatische Richtungen und verherrlichte Teamwork nur in Worten. Er hatte das Glück gehabt, seine Direktionslaufbahn zu einem Zeitpunkt anzutreten, als das Publikum der düsteren slawischen Tragödien mit unterdrückten Ehemännern und der menschlichen Dokumente über Alkohol und Laster überdrüssig geworden war und nach rührseligen romantischen Stücken verlangte mit einem romantischen Helden, der durch zweidreiviertel Akte hindurch Qualen der Selbstaufopferung erduldete und in den letzten zehn Minuten die Geliebte endlich bekam. Mr. Drury (zweiundvierzig bei Tageslicht, fünfunddreißig bei Lampenlicht und fünfundzwanzig oder darunter mit blonder Perücke im Rampenlicht) eignete sich von Natur aus gut dafür, Mädchen auf diese aufopfernde Art zu gewinnen, und verstand sich auf den Trick, die Sentimentalität des neunzehnten Jahrhunderts so mit der Nonchalance des zwanzigsten zu vermengen, daß die Mischung in gleicher Weise der Stenotypistin Joan und der vom Lande kommenden Tante Mabel zu Kopfe stieg.

Und da Mr. Drury, wenn er allabendlich mit jener strahlenden, jugendlichen Lebhaftigkeit, die schon seit zwanzig Jahren seine größte Zugkraft darstellte, aus seinem Wagen sprang, stets Zeit fand, die alte Florrie mit einem Lächeln oder einem freundlichen Wort zu erfreuen, übte er auf sie genau dieselbe Wirkung aus wie auf alle anderen. Niemand war glücklicher als Florrie, als sich herausstellte, daß er mit dem Stück *Bitterer Lorbeer*, das jetzt der hundertsten Aufführung entgegenging, wieder einmal das große Los gezogen hatte. Abend für Abend begrüßte sie mit zufriedenem Lächeln die Ankündigung »Ausverkauft«. Es sah so aus, als ob das Stück ewig laufen würde, und die Gesichter der Menschen, die durch den Bühneneingang gingen, machten einen heiteren und glücklichen Eindruck, wie Florrie das schätzte.

Und der junge Mann, der das Rohmaterial geliefert hatte, aus dem Mr. Drury dieses glänzende Erfolgsstück aufbaute, konnte nach Florries Ansicht auch zufrieden sein. Für gewöhnlich dachte man ja nicht viel an den Verfasser eines Stücks – wenn es sich nicht gerade um Shakespeare handelte, der natürlich unter eine andere Kategorie fiel. Verglichen mit den Schauspielern, war der Autor eine unbedeutende Figur. Man kannte ihn kaum. Aber Mr. Drury war eines Tages Arm in Arm mit einem verdrießlichen, schlechtgekleideten Jüngling erschienen, den er Florrie auf seine feine, großzügige Art vorgestellt hatte: »Hier, John, Sie müssen unbedingt Florrie kennenlernen. Sie ist unser Maskottchen – was sollten wir ohne sie wohl anfangen? Florrie, dies ist Mr. Scales, dessen neues Stück uns ein Vermögen einbringen wird.« Mr. Drury irrte sich nie bei einem Stück; er hatte den sechsten Sinn. Und während der letzten drei Monate war Mr. Scales, obwohl immer noch verdrießlich, sehr viel besser gekleidet gewesen.

An diesem besonderen Abend – Sonnabend, den fünfzehnten April, als die sechsundneunzigste Aufführung von *Bitterer Lorbeer* vor ausverkauftem Hause stattfand – kamen Mr. Scales und Mr. Drury, beide im Gesellschaftsanzug, zusammen an, und zwar, wie Florrie voller Unruhe bemerkte, reichlich spät. Mr. Drury würde sich beeilen müssen, und es war sehr ärgerlich, daß ihn Mr. Scales an der Tür noch mit langen Erklärungen aufhielt. Mr. Drury schien aber durchaus nicht verstimmt zu sein. Er zeigte sein berühmtes dämonisches Lächeln und legte Mr. Scales seine, ebenfalls berühmte, ausdrucksvolle Hand wohlwollend auf die Schulter. »Tut mir leid, mein Junge, habe jetzt keine Zeit. Der Vorhang muß aufgehen. Sie wissen. Kommen Sie nach der Aufführung zu mir – dann werde ich diese Leute hierhaben.« Und er verschwand mit huldvollem Lächeln und einer ausdrucksvollen Handbewegung. Mr. Scales drehte sich nach kurzem Zögern um und kam auf Florrie zu. Er schien immer noch verdrießlich und in Gedanken versunken zu sein, doch als er aufsah und Florrie bemerkte, lächelte er ihr zu. Sein Lächeln hatte nichts Dämonisches an sich.

»Na, Florrie, wir scheinen ja, finanziell gesehen, einen ziemlichen Erfolg zu haben, nicht wahr?«

Florrie stimmte ihm begeistert zu. »Aber daran sind wir mittlerweile schon gewöhnt. Mr. Drury ist ein wundervoller Mann. In welcher Rolle er auch auftritt, sie kommen alle, um ihn zu sehen. Natürlich«, fügte sie hinzu, als ihr einfiel, daß dies vielleicht nicht besonders nett klang, »versteht er es gut, das richtige Stück zu wählen.«

»O ja«, meinte Mr. Scales. »Das Stück. Das hat wohl auch etwas damit zu tun. Nicht viel, aber immerhin etwas. Haben Sie das Stück gesehen, Florrie?«

Ja, Florrie hatte es gesehen. Mr. Drury war ja so freundlich. Nie vergaß er, ihr schon zu Anfang eine Freikarte zu schenken, mochte das Haus noch so voll sein.

»Wie fanden Sie es?« erkundigte sich Mr. Scales.

»Ich fand es ganz reizend«, erwiderte Florrie. »Ich habe so geweint. Wie er einarmig zurückkehrt und seine Braut –«

»Eben, eben«, sagte Mr. Scales.

»Und die Szene an der Themse, als er seinen alten Uniformrock zusammenrollt und zu dem Bobby sagt: ›Ich werde auf meinen Lorbeeren ausruhen‹ – damit haben Sie ihm eine Bravourzeile gegeben, Mr. Scales. Und wie er sie gebracht hat!«

»Allerdings. So bringt es nur Drury fertig.«

»Und wie sie zu ihm zurückkehrt und er sie nicht mehr haben will, und wie dann Lady Sylvia sich in ihn verliebt –«

»Ja, ja«, unterbrach Mr. Scales. »Sie fanden diesen Teil besonders rührend?«

»Romantisch!« schwärmte Florrie. »Und dann die Szene zwischen den beiden Frauen – einfach herrlich. Und zum Schluß, wenn er die nimmt, die er wirklich liebt –«

»Das haut hin, nicht wahr?« sagte Mr. Scales. »Direkt herzergreifend. Es freut mich, Florrie, daß Sie so denken. Denn ganz abgesehen von allem anderen, bringt es Geld in die Kasse.«

»Und ob! Ihr erstes Stück, nicht wahr? Sie können sich glücklich schätzen, daß Mr. Drury es genommen hat.«

»Ja«, erwiderte Mr. Scales. »Ich schulde ihm viel. Das sagt jeder, also muß es wahr sein. Heute abend erscheinen zwei wohlbeleibte Männer in Astrachanmänteln, um die Filmrechte zu erwerben. Ich bin ein gemachter Mann, Florrie, und das ist immerhin angenehm, besonders wenn man fünf, sechs Jahre von der Hand in den Mund gelebt hat. Kein reines Vergnügen, mit knurrendem Magen herumzulaufen. Meinen Sie nicht auch?«

»Das kann man wohl sagen«, bestätigte Florrie, die ein Liedchen davon singen konnte. »Ich bin ja froh, daß Ihr Blättchen sich endlich gewendet hat.«

»Danke«, sagte Mr. Scales. »Hier, trinken Sie ein Glas auf den Erfolg des Stücks.« Er fummelte in seiner Brusttasche. »Hier, dreißig Shilling. Dreißig Silberlinge. Kaufen Sie sich etwas Schönes dafür, Florrie. Es ist Blutgeld.«

»Was reden Sie da bloß!« rief Florrie aus. »Na ja, Schriftsteller erlauben sich gern mal einen Scherz. Ich weiß noch, daß der arme Mr. Milling, der *Pussy und das Mädchen mit dem Lippenstift* schrieb, immer zu sagen pflegte, daß er bei jedem Stück Blut geschwitzt habe.«

Ein netter junger Mann, dachte Florrie, als Mr. Scales davonging. Ein bißchen sonderbar und für die, die mit ihm leben mußten, vielleicht etwas schwierig im Umgang. Er hatte ja sehr nett von Drury gesprochen, aber einmal, so schien es ihr, hatte Sarkasmus durchgeklungen. Auch gefiel ihr der Scherz mit den dreißig Silberlingen nicht so recht. Aber die Menschen sagten heutzutage so mancherlei, und dreißig Shilling waren dreißig Shilling. Sehr freundlich von Mr. Scales.

Mr. John Scales schlenderte mißmutig durch die Shaftesbury Avenue und wußte nicht, wie er die nächsten drei Stunden totschlagen sollte. Da begegnete er einem Freund, der gerade aus der Wardour Street kam. Dieser Freund – ein großer, dünner junger Mann, der einen schäbigen Mantel und einen verwitterten Schlapphut trug und aussah wie ein hungriger Falke – hatte ein Mädchen bei sich.

»Guten Abend, Mollie«, sagte Scales, »guten Abend, Sheridan.«

»Guten Abend«, erwiderte Sheridan. »Sieh mal einer an! Der große Mann in eigener Person. Londons neuer Dramatiker.«

»Hör auf«, sagte Scales.

»Dein Stück scheint ein Riesenerfolg zu sein«, fuhr Sheridan fort. »Herzlichen Glückwunsch. Zum Erfolg, meine ich.«

»Gott!« stöhnte Scales. »Hast du es gesehen? Ich hatte dir Karten geschickt.«

»Ja, vielen Dank, war sehr nett von dir. Wir haben die Aufführung gesehen. Du hast es fertiggebracht, deine Seele ziemlich teuer zu verschachern.«

»Hör zu, Sheridan – es war nicht meine Schuld. Ich bin genauso angewidert wie du. Noch mehr. Aber ich war so töricht und habe den Vertrag ohne eine Vorbehaltsklausel unterzeichnet. Und als Drury und sein Regisseur das Manuskript genügend verhunzt hatten –«

»Er hat sich nicht verkauft«, warf das Mädchen ein, »er wurde vergewaltigt.«

»Schade«, meinte Sheridan. »Es war ein gutes Stück. Aber ich nehme an, daß du den Champagner trinkst, der dabei herauskommt. Du machst einen wohlhabenden Eindruck.«

»Nun«, erwiderte Scales, »was erwartest du von mir? Soll ich den Scheck dankend zurücksenden?«

»Um Himmels willen, nein!« rief Sheridan. »Niemand mißgönnt dir dein Glück.«

Typisch! dachte Scales voller Wut, als er die Criterion-Bar betrat. Als ob es nicht genug wäre, daß ein anständiges Schauspiel in eine Schnulze verkitscht wurde, mußten die Leute auch noch annehmen, daß man um des lieben Mammons willen in diese Verstümmelung eingewilligt hatte!

Er war beunruhigt gewesen, als er erfuhr, daß George Philpotts das Stück *Bitterer Lorbeer* an Drury geschickt hatte. Die allerletzte Direktion, die er selbst gewählt hätte; aber auch die allerletzte Direktion, bei der ein so zynisches und ernüchterndes Stück eine Chance hatte. Zu seiner größten Überraschung war Drury, wie er sich ausdrückte, »ganz versessen« darauf gewesen. Es war eine Unterredung gefolgt, und Drury (zum Teufel mit seinen ausdrucksvollen Augen!) hatte mühelos erreicht, was er wollte. Scales war seinem Charme und seinen Schmeicheleien erlegen, wie allabendlich das große Publikum. »Ein großartiges Stück, fabelhafte Situationen«, hatte Drury erklärt. »Natürlich müssen wir hier und da kleine Änderungen vornehmen.« Scales hatte bescheiden geantwortet, daß er das erwartet habe, er wisse sehr wenig von der Bühne, habe bisher nur Romane geschrieben; mit Änderungen sei er durchaus einverstanden, vorausgesetzt natürlich, daß sie nicht die künstlerische Einheit zerstörten. Mr. Garrick Drury war von dieser Unterstellung peinlichst betroffen. Er sei selbst Künstler und würde etwas Derartiges niemals zulassen. Überwältigt von Drurys Art und einer Flut von technischen Einzelheiten, mit denen der anwesende Spielleiter ihn überschüttete, unterzeichnete Scales einen Vertrag, der dem Verfasser einen hübschen Anteil am Gewinn und der Direktion Vollmacht gab, jedwede »vernünftige« Änderung vorzunehmen, um das Stück bühnenreif zu machen.

Erst allmählich entdeckte er im Verlauf der Proben, was mit seinem Stück geschah. Nicht nur war es Mr. Drury gelungen, seine eigene Rolle – einen kriegsmüden Heimkehrer – mit Gefühlen zu durchtränken, die stark von der Vorstellung abwichen, die der Autor von diesem verbitterten und zerbrochenen Charakter hatte. Nein, viel schlimmer war, daß die ganze Handlung völlig umgestaltet wurde; »leichte Änderungen«, wie Drury es nannte, »natürlich nichts Unkünstlerisches – aber Änderungen, die das Ganze packender, erhebender und naturgetreuer machten.«

Scales hatte nicht stillschweigend nachgegeben. Er hatte um jede Zeile gekämpft. Aber gegen den Vertrag war er machtlos. Und schließlich hatte er die neuen Szenen sogar selbst geschrieben, weil seine eigene Version nicht so unerträglich war wie die vereinten Bemühungen der Schauspieler und des Regisseurs. Daher konnte er seine Hände nicht einmal in Unschuld waschen. Er war der Linie des geringsten Widerstandes gefolgt. Mr. Drury war ihm sehr dankbar gewesen und entzückt über die gute Zusammenarbeit.

»Ich weiß, wie Ihnen zumute ist«, pflegte er zu sagen. »Das geht jedem Künstler so. Aber ich habe zwanzig Jahre Bühnenerfahrung, und das zählt. Sie glauben nicht, daß ich recht habe – mein lieber Scales, es würde mir an Ihrer Stelle genauso gehen. Ich bin Ihnen dankbar für die glänzende Arbeit, die Sie leisten, und ich weiß, Sie werden es nicht bereuen. Machen Sie sich keine Gedanken. Alle jungen Autoren stoßen auf dieselben Schwierigkeiten. Eine reine Frage der Erfahrung.«

Es war hoffnungslos. In seiner Verzweiflung hatte Scales einen Agenten konsultiert, der darauf hinwies, daß es jetzt zu spät sei, den Vertrag zu ändern. »Im übrigen ein fairer Vertrag«, meinte er. »Drury hat immer einen guten Namen gehabt. Diese Änderungen sind natürlich ärgerlich, aber es ist schließlich Ihr erstes Stück, und Sie können sich glücklich preisen, daß Sie bei ihm gelandet sind. Er kennt das Westend-Publikum. Sind Sie erst mal durch ihn angekommen, können Sie die Bedingungen stellen.«

Ja, natürlich, dachte Scales, allen gegenüber, die solche Stücke wünschen. Und bei denen, die ernsthaftes Theater spielen, bin ich ein für allemal unten durch. Das Schlimmste war, daß sowohl der Agent wie der Theaterdirektor der Ansicht waren, daß seine Besorgnis um seine eigene geistige Unbescholtenheit gar nicht zählte – daß er sich ganz aufrichtig mit seinen Tantiemen trösten würde.

Am Ende der ersten Woche brachte Garrick Drury dies zum Ausdruck. Seine »Erfahrung« war durch die Einnahmen bestätigt worden. »Letzten Endes ist die Kasse der eigentliche Wertmesser«, bemerkte er. »Ich sage das nicht von einem kommerziellen Standpunkt aus. Ich wäre immer bereit, ein Stück zu bringen, an das ich als Künstler glaube, selbst wenn ich dabei Geld zusetzen müßte. Aber wenn die Kasse glücklich ist, bedeutet es, daß das Publikum glücklich ist. Die Kasse ist der Puls des Publikums.«

John Scales konnte das nicht einsehen. Auch seine Freunde nicht, die einfach annahmen, er habe sich verkauft. Mit der Zeit wurde ihm klar, daß das Stück wie ein Sirupstrom unaufhaltsam weiterlaufen würde. Es war sinnlos zu hoffen, daß das Publikum sich dagegen auflehnen würde. Wahrscheinlich hatten sie es durchschaut. Ebenso wie die Kritiker. Die glorreiche Gestalt von Garrick Drury verhinderte jedoch den wohlverdienten Zusammenbruch. »Dieses klapperige Stück«, schrieb *Sunday Echo*, »wird nur durch Garrick Drurys glänzendes Spiel zusammengehalten.« »Trotz seiner Süßholzraspelei«, hieß es im *Looker-On*, »stellt *Bitterer Lorbeer* einen persönlichen Triumph für Garrick Drury dar.« »Mr. John Scales«, äußerte sich der *Daily Messenger*, »hat seine Szenen mit großem Geschick so aufgebaut, daß sie Garrick Drurys Talente am vorteilhaftesten zur Geltung bringen, und das ist ein sicheres Erfolgsrezept. Wir prophezeien dem Stück *Bitterer Lorbeer* eine lange Laufzeit.«

Es war kein Ende abzusehen. Wenn Drury krank würde oder stürbe oder sein gutes Aussehen, seine Stimme verlöre oder seine Popularität einbüßte, dann könnte dieses widerliche Stück vielleicht begraben und vergessen werden. Aber Garrick Drury erfreute sich bester Gesundheit und bezauberte das Publikum, und das Stück lief. Später folgten dann die Aufführungen auf den Provinzbühnen (von Mr. Drury kontrolliert) und die Filmrechte (in großem Umfang von Mr. Drury kontrolliert) und die Radiorechte und weiß der Himmel was sonst noch. Und Mr. Scales blieb nichts anderes übrig, als den Sold der Sünde einzustecken und Mr. Drury zu verfluchen, der sein Werk auf so angenehme Weise ruiniert, seinen Ruf vernichtet, ihm seine Freunde entfremdet, ihn der Verachtung der Kritiker ausgesetzt und ihn zum Verrat an seiner eigenen Seele gezwungen hatte.

Wenn ein Mann in London atmete, den John Scales gern tot gesehen hätte, so war es Garrick Drury, dem er (wie er tagtäglich zugeben mußte) so viel verdankte. Und doch war

Drury ein wirklich charmanter Kerl. Zuweilen ging dieser Charme dem Autor so sehr auf die Nerven, daß er Mr. Drury schon um seines Charmes willen hätte erschlagen können.

Doch als der Augenblick kam, in der Nacht vom fünfzehnten zum sechzehnten April, konnte von einem Vorsatz nicht die Rede sein. Jedenfalls nicht im eigentlichen Sinne. Es passierte einfach.

Es war fast ein Uhr morgens, als sie die Leute vom Film endlich loswurden. Im Verlauf dieser Auseinandersetzung stimmte Scales, wie üblich, einer Reihe von Dingen zu, die er nicht billigte, aber auch nicht verhindern konnte.

»Mein lieber John«, sagte Mr. Garrick Drury, während er sich den Schlafrock auszog, den er, wenn irgend möglich, bei geschäftlichen Unterredungen trug, da er ihm so gut stand, »mein lieber John, ich weiß genau, wie Sie darüber denken, aber es gehört Erfahrung dazu, um mit diesen Leuten fertig zu werden. Und Sie können sich auf mich verlassen, daß nichts Unkünstlerisches... Oh, danke, Walter. Es tut mir unendlich leid, daß Sie meinetwegen so lange hierbleiben mußten.«

Walter Hopkins, Mr. Drurys Garderobier, hatte nicht das Geringste dagegen einzuwenden, die ganze Nacht bis tief in den nächsten Morgen hinein hierzubleiben. Er war Mr. Drury leidenschaftlich ergeben, der seine Dienste stets mit einem freundlichen Wort und dem berühmten Lächeln belohnte. Er half Mr. Drury in den Mantel und reichte ihm seinen Hut.

»Lassen Sie alles stehen und liegen«, fuhr Mr. Drury fort und deutete auf das Sammelsurium von Schminke, Handtüchern, Gläsern, Siphons, Aschenbechern und Manuskripten. »Räumen Sie einfach meine Sachen zusammen und schließen Sie den Whisky ein. Ich bringe nur schnell Mr. Scales zu seinem Taxi.«

Der Nachtwächter ließ sie zur Tür hinaus. Er war ein kränklicher alter Mann mit einem Kaninchengesicht, und Scales fragte sich, was er wohl tun würde, wenn er auf seinen Rundgängen einem Einbrecher begegnete oder wenn ein Feuer ausbräche.

»Nanu!« rief Garrick Drury. »Es regnet ja. Aber etwas weiter da unten ist ein Taxistand. Machen Sie sich keine Gedanken mehr, John, alter Junge, den... Vorsicht!«

Es passierte blitzschnell. Ein kleiner Wagen, der ein wenig zu rasch die schmierige Straße heraufkam, bremste scharf, um einer streunenden Katze auszuweichen, geriet ins Schleudern, drehte sich um neunzig Grad und sauste auf den Gehsteig. Die beiden Männer versuchten sich in Sicherheit zu bringen. Scales stolperte dabei ziemlich ungeschickt und fiel der Länge nach in die Gosse. Drury sprang, gewandt wie ein Akrobat, rückwärts, aber nicht weit genug. Die Stoßstange erfaßte ihn in der Kniekehle und schleuderte ihn durch die Schaufensterscheibe eines Hutgeschäfts.

Als Scales wieder auf die Beine kam, stand der Wagen halb im Laden, und die Fahrerin lag bewußtlos über dem Steuerrad. Ein Polizist und zwei Taxifahrer kamen von der Mitte der Straße herbeigerannt, und Drury kroch gerade mit blutüberströmtem Gesicht aus den Glasscherben heraus, wobei er den linken Arm mit der rechten Hand umklammert hielt.

»Oh, mein Gott!« stöhnte er. Er schwankte auf den Wagen zu, und das Blut spritzte ihm zwischen den Fingern hervor.

Scales, von seinem Sturz noch ganz benommen und verwirrt, konnte nicht sofort begreifen, was geschehen war. Aber der Polizist besaß Geistesgegenwart.

»Die Dame kann warten«, sagte er zu den Taxifahrern. »Dieser Herr hat sich die Pulsader aufgeschnitten. Er verblutet, wenn wir nicht rasch handeln.« Seine großen, geübten Finger griffen nach dem Arm des Schauspielers, fanden die richtige Stelle und drückten kräftig auf die zerschnittene Ader. »Geht's, Sir? Gut, daß Sie die Hand daraufgehalten haben.« Er ließ den Schauspieler vorsichtig auf das Trittbrett gleiten, ohne seinen Griff zu lockern.

»Hier ist ein Taschentuch«, sagte einer der Taxifahrer.

»Gut«, erwiderte der Polizist. »Binden Sie seinen Arm ab, und zwar so fest, wie Sie können.«

Scales blickte schaudernd auf die Schaufensterscheibe und das Pflaster. Es hätte ein Schlachthaus sein können.

»Vielen Dank«, sagte Drury zu dem Polizisten und dem Taxifahrer. Er brachte ein schwaches Lächeln zustande und sank zusammen.

Walter und der Nachtwächter stürzten gemeinsam ans Telefon, während Scales die anderen über die verlassene Bühne geleitete, die dunkel und geisterhaft im trüben Licht einer einzigen, hoch im Schnürboden hängenden Birne dalag. Schwere Blutstropfen fielen auf die staubigen Bretter. Als hätte das Geräusch ihrer Schritte auf diesen Brettern den Instinkt des Schauspielers wachgerüttelt, öffnete Drury ein Auge.

»Was ist mit der Beleuchtung los?« Dann, mit wiederkehrendem Bewußtsein: »Oh, die Schlußzeile... ›Sterben, Ägypten, sterben‹... der letzte Auftritt, wie?«

»Unsinn, alter Freund«, sagte Scales hastig. »Sie sterben noch lange nicht.«

Einer der Taxifahrer, ein älterer Mann, stolperte. »Tut mir leid«, sagte Drury, »daß ich so schwer bin... kann es Ihnen nicht viel erleichtern...fassen Sie weiter unten an.« Sein Lächeln war verzerrt, aber sein Verstand funktionierte; es war nicht das erste Mal, daß er von dieser Bühne »hinausgetragen« wurde. Die Träger befolgten seine mühsam hervorgebrachten Instruktionen und kamen gut durch die Kulissen. Scales war maßlos irritiert. Drury führte sich wieder einmal wunderbar auf. Mut, Geistesgegenwart, Rücksicht auf andere – genau die richtigen theatralischen Gesten. Konnte der Kerl selbst an der Schwelle des Todes nicht natürlich sein?

Sie erreichten seine Garderobe und legten ihn auf die Couch.

»Meine Frau«, begann Drury, »in Sussex. Erschrecken Sie sie nicht... sie hat Grippe gehabt... Herz nicht stark.«

»Schon gut, schon gut«, sagte Scales. Er fand ein Handtuch und ließ etwas Wasser in eine Schale laufen. Walter kam eilig herbei.

»Dr. Debenham ist nicht zu Hause, übers Wochenende fort. Blake telefoniert nach einem andern. Was sollen wir tun, wenn sie alle nicht da sind? Ärzte dürften nicht so viel unterwegs sein.«

»Wir wollen den Polizeiarzt rufen«, sagte der Polizist. »Hier, halten Sie Ihren Daumen dahin, wo ich meinen habe. Fest drücken, und nicht locker lassen.« Dann wandte er sich an die Taxifahrer. »Sie sehen jetzt am besten nach der jungen Dame. Mein Kollege müßte inzwischen erschienen sein. Und Sie«, wies er Scales an, »müssen hierbleiben. Ich brauche Ihre Aussage.«

»Ja, ja«, erwiderte Scales, der sich mit dem Handtuch zu schaffen machte.

»Mein Gesicht«, sagte Drury und hob nervös die Hand. »Ist mein Auge verletzt?«

»Nein, es ist nur die Kopfhaut. Sie dürfen sich nicht aufregen.«

»Sind Sie sicher? Besser tot als entstellt. Möchte nicht wie Florrie enden. Arme alte Florrie. Bestellen Sie ihr einen Gruß... Kopf hoch, Walter... Schlechter Abgang, nicht wahr?... Trinken Sie ein Glas Whisky... Sind Sie sicher, daß das Auge heil ist?... Sie sind nicht verletzt, Scales? Für Sie auch eine schöne Bescherung. Ende der Aufführungen...«

Scales, der gerade für sich und Walter Whisky eingoß, fuhr zusammen und hätte beinahe die Flasche fallen lassen. Ja, nun würden die Aufführungen aufhören. Vor einer Stunde hatte er um ein Wunder gebeten, um dies zu erreichen. Und das Wunder war geschehen. Und wenn Drury nicht die Geistesgegenwart gehabt hätte, die Blutung zu stoppen, wenn er nur eine Minute länger gewartet hätte, dann wäre es schon soweit: keine Aufführungen mehr, kein Film mehr, und das verfluchte Stück für alle Zeiten abgesetzt. Er trank den unverdünnten Whisky auf einen Zug aus und reichte Walter das zweite Glas. Es war, als habe er durch seine Wünsche das Geschehen herbeigeführt. Wenn er noch etwas kräftiger wünschte – Unsinn! Aber der Doktor kam nicht, und obgleich Walter sich wie der grimme Tod an die durchschnittene Arterie klammerte, sickerte doch das Blut aus den kleineren Adern durch den Stoff, durch den Verband... Es bestand immer noch eine Chance, immer noch die Wahrscheinlichkeit, immer noch die Hoffnung...

So ging das nicht weiter. Scales stürzte in den Gang, über die Bühne und dann in den Raum des Nachtwächters. Der Polizist telefonierte noch. Drurys Chauffeur stand, verstört und erregt, mit der Mütze in der Hand und redete mit den Taxifahrern. Die Autofahrerin war inzwischen ins Krankenhaus geschafft worden. Der Bezirkspolizeiarzt war zu einem dringenden Fall gerufen. Das nächste Hospital konnte im Moment keinen Arzt entbehren. Der Schutzmann versuchte, den Polizeiarzt des nächsten Bezirks zu erreichen. Scales kehrte wieder in das Ankleidezimmer zurück.

Die nächste halbe Stunde war wie ein Alptraum. Der Patient schwebte zwischen Bewußtsein und Bewußtlosigkeit und machte sich immer noch Gedanken über sein Gesicht, seinen Arm und das Stück. Und der rote Fleck auf der Couch wurde größer und größer...

Endlich trat mit emsiger Geschäftigkeit ein kleiner, untersetzter Mann ins Zimmer. Nach einem kurzen Blick auf den Patienten prüfte er dessen Puls, stellte ein paar Fragen und murmelte kopfschüttelnd etwas von Blutverlust, Zeitverlust und Schwäche. Der im Hintergrund stehende Polizist erwähnte, daß die Ambulanz eingetroffen sei.

»Unsinn«, sagte der Doktor. »Kann unmöglich transportiert werden. Muß hier an Ort und Stelle damit fertig werden.« Mit ein paar kurzen Worten des Lobes löste er Walter von seinem Posten ab. Mit raschen Bewegungen schnitt er den durchweichten Ärmel fort, legte eine richtige Aderpresse an, verabreichte dem Patienten ein Stimulans und versicherte ihm nochmals, daß sein Auge nicht beschädigt sei und er nur einen Schock und den Blutverlust erlitten habe.

»Sie werden mir nicht den Arm abnehmen?« rief Drury, von einer neuen Angst befallen. »Ich bin Schauspieler... ich kann nicht... Sie dürfen das nicht tun, ohne es mir zu sagen!«

»Nein, nein, nein«, beruhigte ihn der Doktor. »Wir haben jetzt die Blutung unterbunden. Aber Sie müssen still liegen, sonst fängt sie von neuem an.«

»Werde ich ihn wieder gebrauchen können?« Die ausdrucksvollen Augen blickten dem Doktor forschend ins Gesicht. »Verzeihen Sie. Aber ein steifer Arm ist für mich genauso schlimm. Tun Sie Ihr Möglichstes! Sonst kann ich nie wieder auftreten... Außer im *Bitteren Lorbeer.* John, alter Bursche... komisch, nicht wahr? Komisch, daß es dieser Arm ist... Muß für den Rest meines Lebens von Ihrem Stück leben, das einzige, einzige Stück –«

»Gott bewahre!« rief Scales unwillkürlich.

»Jetzt muß ich hier freie Bahn haben«, erklärte der Doktor energisch. »Wachtmeister, lassen Sie das Zimmer räumen, und schicken Sie mir die Leute von der Ambulanz herein.«

»Kommen Sie mit«, sagte der Polizist. »Ich werde mir jetzt Ihre Aussage aufschreiben, Sir.«

»Ich bleibe hier!« protestierte Walter Hopkins. »Ich kann Mr. Drury nicht allein lassen. Ich werde Ihnen helfen –«

Irgendwie gelang es ihnen, den sich hysterisch sträubenden Walter in die gegenüberliegende Garderobe zu bringen, wo er auf der Kante eines Stuhls saß und bei jedem Laut von draußen auffuhr, während der Schutzmann die beiden Taxifahrer verhörte und entließ. Als Scales seine Aussage machte, steckte der Arzt den Kopf zur Tür herein und sagte:

»Ich möchte, daß einige von Ihnen sich in Bereitschaft halten, für den Fall, daß wir eine Blutübertragung machen müssen. Sie wissen wohl nicht zufällig, welcher Blutgruppe Sie angehören?«

»Ich bin bereit!« rief Walter voller Eifer. »Bitte, Sir, nehmen Sie mich! Ich würde den letzten Tropfen Blut für Mr. Drury hergeben, ich würde mein Leben für ihn opfern.«

»Das verlangt niemand von Ihnen. Wir brauchen nur einen halben Liter Blut – Kleinigkeit für einen gesunden Menschen. Regen Sie sich nicht so auf. Schön, daß Sie guten Willens sind, aber wenn Sie nicht die richtige Blutgruppe haben, kann ich Sie nicht gebrauchen.«

»Ich bin stark«, versicherte ihm Walter, »bin nie in meinem Leben krank gewesen.«

»Es hat mit Ihrem Gesundheitszustand nichts zu tun«, entgegnete der Arzt ein wenig ungeduldig. »Es ist etwas, das Sie bei der Geburt mitbekommen haben. Ich werde es zunächst mit den beiden Ambulanzleuten versuchen, aber leider hat der Patient eine seltene Blutgruppe. Deshalb möchte ich verschiedene Spender zur Hand haben. Gut, daß ich alles Nötige mitgebracht habe; Zeit ist ein wichtiger Faktor.«

Damit stürzte er wieder fort. Der Polizist steckte kopfschüttelnd sein Notizbuch ein.

»Weiß nicht, ob Blutspenden zu meinen Pflichten gehört«, brummte er. »Müßte eigentlich wieder in mein Revier. Will mir zunächst mal den Wagen ansehen. Dann komme ich wieder herein. Nanu, was wollen *Sie* denn hier?«

»Presse«, erwiderte der Mann, der an der Tür stand. »Es wurde bei uns angerufen, daß Mr. Drury schwer verletzt sei. Stimmt das? Tut mir sehr leid. Ah! Guten Abend, Mr. Scales. Das ist ja eine schreckliche Geschichte. Können Sie mir sagen –«

Rettungslos wurde Scales von den Rädern der Presse erfaßt: Er gab einen Bericht von dem Unfall, äußerte die passenden Phrasen über Drury, was Drury für ihn, was er für das Stück getan hatte, zitierte Drurys Worte, verbreitete sich über seine Geistesgegenwart und seinen Mut – kurz und gut, er versah Drury mit einem Heiligenschein. Auch erwähnte er den seltsamen (und für den Reporter ergiebigen) Zufall, daß ausgerechnet derselbe Arm verletzt worden sei wie im Stück, und sprach die Hoffnung aus, daß die Rolle von der zweiten Besetzung weitergespielt werden könne, bis Drury sich genügend erholt habe. Mit jedem Wort, das er von sich gab, spürte er, wie eine Flut von Haß gegen Drury in ihm aufstieg. Um so mehr betonte er die ungeheure Dankbarkeit und die freundschaftlichen Gefühle, die er für Drury empfand, und sein verzweifeltes Verlangen, ihn bald wiederhergestellt zu sehen. Es war ihm, als könne er durch die ständige Wiederholung dieser Redensarten etwas Schreckliches in seinem Innern unterdrücken, das sich gegen seinen Willen zu behaupten suchte.

Der Doktor steckte wieder den Kopf herein.

»Entschuldigen Sie mich«, sagte Scales und eilte zur Tür. Aber Walter war vor ihm da und bot sein Lebensblut literweise an. Scales sah, wie der Reporter die Ohren spitzte. Eine Blutübertragung gab natürlich eine prächtige Schlagzeile ab. Doch der Arzt machte kurzen Prozeß mit dem Vertreter der Presse und zog Scales und Walter zur Tür hinaus, die er heftig zuknallte. »Ich muß jetzt Sie beide testen. Hoffentlich hat einer von Ihnen die richtige Blutgruppe. Wenn nicht, lassen wir den Zeitungsfritzen zur Ader. Das wird ihn lehren, weniger aufdringlich zu sein.« Er führte sie wieder in Drurys Garderobe, wo der Wandschirm, der sonst das Waschbecken verdeckte, jetzt um die Couch gestellt war. Auf dem Tisch lagen die Instrumente ausgebreitet. Beim Waschbecken stand einer von den Krankenpflegern und kochte Wasser auf einem Gaskocher.

»Nun los«, sagte der Arzt mit gedämpfter Stimme. »Verhalten Sie sich nach Möglichkeit ruhig. Leider muß ich es hier machen, da in dem anderen Raum kein Gas ist und ich den Patienten auch nicht gern allein lassen möchte. Aber es dauert ja nicht lange. Ich kann Sie beide zusammen vornehmen. Hier ist ein sauberer Teller; der genügt, braucht ja nicht steril zu sein.« Er wischte den Teller sorgfältig mit einem Handtuch ab und stellte ihn zwischen den beiden Männern auf den Tisch. Scales erkannte das Rosenmuster wieder; es hatten oft Brote darauf gelegen, während er und Drury an einem neuen Dialog für *Bitterer Lorbeer* gearbeitet hatten. »Sie wissen vielleicht«, erklärte der Arzt, »daß das Blut eines jeden Menschen einer von vier verschiedenen Gruppen angehört.« Er öffnete eine verchromte Trommel und nahm eine Nadel heraus. »Für eine erfolgreiche Transfusion muß sich das Blut des Spenders auf besondere Weise mit dem des Patienten vermischen. Nur ein kleiner Stich – Sie werden es kaum spüren.« Er nahm Walters Ohrläppchen und stach die Nadel ein. »Gehört das Blut des Spenders einer ungeeigneten Gruppe an, verursacht es Agglutination der roten Blutkörperchen, was sehr gefährlich werden kann.« Er saugte ein paar Blutstropfen in die Pipette und übertrug zwei einzelne Tropfen auf den Teller, die er mit einem Schminkstift umrandete. »Eine gewisse Gruppe von Menschen« – hier schnappte er sich Scales' Ohrläppchen und wiederholte die Prozedur mit einer neuen Nadel und Pipette –, »die wir als Gruppe 0 bezeichnen, gehört zu den Universalspendern; das heißt, ihr Blut eignet sich für jeden. Wenn einer von Ihnen die gleiche Blutgruppe hätte wie der Patient, wäre das am besten. Leider gehört er der Gruppe B an, und die ist ziemlich selten. Bisher haben wir kein Glück gehabt.« Er ließ zwei Blutstropfen von Scales auf die andere Seite des Tellers fallen und zog mit dem Stift eine Linie von Rand zu Rand, um die beiden Proben voneinander zu trennen. Dann setzte er den Teller genau zwischen die beiden Spender, so daß jeder ein wachsames Auge auf seinen Anteil werfen konnte, und wandte sich wieder an Walter.

»Wie war doch Ihr Name?«

In diesem Augenblick entstand eine Bewegung hinter dem Schirm, und irgend etwas fiel krachend zu Boden. Der erschrockene Krankenwärter steckte den Kopf um die Ecke und rief mit eindringlicher Stimme: »Doktor!« Gleichzeitig ertönte Drurys Stimme: »Walter... bestellen Sie Walter –« Der Doktor schoß auf den Wandschirm los, dicht gefolgt von Walter, den Scales vergeblich aufzuhalten suchte, als er sich an ihm vorbeidrängte. Der zweite Krankenwärter ließ alles stehen und liegen, um ebenfalls Beistand zu leisten, es entstand ein kleiner Tumult und ein Wortwechsel zwischen dem Doktor und Walter, und Walter kehrte wieder an seinen Platz zurück.

»Sie wollen mich nicht zu ihm lassen, und er hat doch nach mir verlangt.«

»Er darf sich nicht aufregen«, sagte Scales mechanisch.

Der Patient redete vor sich hin, und der Doktor versuchte ihn zu beruhigen. Scales und Walter Hopkins standen hilflos am Tisch, den Teller zwischen sich, und Scales betrachtete nachdenklich die vier kleinen Blutstropfen, die von so ungeheurer Wichtigkeit waren. In der Nähe stand ein kleines Holzgestell mit Ampullen. Er studierte die Schilder: »Testserum A«, »Testserum B«. Die Bezeichnungen hatten für ihn keine Bedeutung. Er stierte auf den Teller und nahm wahr, daß eine der kleinen rosafarbenen Rosen am Rande des Tellers beim Einbrennen etwas verschmiert worden waren – und daß Walters Hände zitterten, während er sich auf die Platte stützte.

Der Arzt kam wieder zum Vorschein, und Walter blickte ihn angstvoll fragend an. »Soweit alles in Ordnung«, sagte der Arzt. »Na, wo waren wir denn? Ach ja, Ihren Namen bitte.« Er markierte die Proben auf Walters Seite mit den Buchstaben W. H.

»Mein Name ist John Scales«, sagte Scales. Der Arzt schrieb die Initialen von Londons populärem Dramatiker so gleichgültig hin, als handle es sich um einen Steuereinnehmer, und nahm die Ampulle mit dem Serum A aus dem Gestell. Er schlug sie auf und fügte etwas von ihrem Inhalt zunächst einem Tropfen von Scales' Blut, dann einem Tropfen von Walters Blut hinzu und kritzelte den Buchstaben A neben jede dieser Proben. Jedem der beiden anderen Tropfen setzte er auf dieselbe Weise etwas vom Serum B hinzu. Blut und Serum mischten sich, ohne die vier roten Tupfen sichtbar zu verändern. Scales war enttäuscht; er hatte eine dramatischere Wirkung erwartet.

»Es wird ein paar Minuten dauern«, erklärte der Arzt. »Wenn sich das Blut einer Probe mit *beiden* Seren mischt, ohne daß die roten Blutkörperchen klumpen, dann ist der Spender ein Universalspender, der unseren Zwecken genügt. Wenn es mit Serum A Klumpen bildet und mit Serum B klar bleibt, dann gehört der Spender zu der Blutgruppe des Patienten und wird ihn über die Hürde bringen. Klumpt es aber mit beiden Seren oder nur mit Serum B, dann wird es ihn umbringen.« Er stellte den Teller wieder hin und kramte in seiner Tasche.

Einer der Wärter blickte hinter dem Schirm hervor. »Ich kann seinen Puls nicht fühlen, und er sieht so merkwürdig aus.« Der Doktor verschwand hinter dem Schirm, und man vernahm Bewegungen und das Klirren eines Glases.

Scales sah gespannt auf den Teller. Machte sich schon ein Unterschied bemerkbar? Begann einer der roten Tupfen auf Walters Seite zu gerinnen und sich in Körnchen zu teilen, als ob jemand Pfeffer daraufgestreut hätte? Er war nicht sicher. Die Tropfen auf seiner Seite sahen völlig gleich aus. Wieder las er die Bezeichnungen; wieder bemerkte er die rosafarbene Rose, die beim Einbrennen etwas verschmiert worden war. Die rosafarbene Rose – da war etwas Merkwürdiges mit dieser Rose – aber was nur? Einer von Walters Tropfen veränderte sich allmählich, ganz gewiß. Ein harter Ring bildete sich am Rand, und die winzigen Pfefferkörner wurden dunkler und deutlicher.

»Wir dürfen nicht mehr viel Zeit verlieren«, sagte der Arzt bei seiner Rückkehr, »hoffentlich –«

Er beugte sich wieder über den Teller. Es war der mit B bezeichnete Tropfen, der dieses körnige Aussehen hatte. Stand der Teller genauso wie zu Anfang? Scales konnte sich nicht erinnern. Der Arzt untersuchte jetzt die Proben genau mit einem Taschenmikroskop und richtete sich dann mit einem Seufzer der Erleichterung auf.

»Gruppe B«, verkündete er. »Da haben wir Glück gehabt.«

Wer von uns? dachte Scales (obgleich er der Antwort ziemlich sicher war). Die rosafarbene Rose spukte ihm immer noch im Kopf herum.

»Ja«, fuhr der Arzt fort, »keine Spur von Agglutination. Ich glaube, wir können es riskieren ohne einen direkten Test mit dem Blut des Patienten. Das würde zwanzig Minuten dauern, und soviel Zeit haben wir nicht.« Er wandte sich an Scales. »Sie sind der Mann, den wir brauchen.«

»Ich nicht?« rief Walter.

»Pst!« gebot der Doktor. »Nein, leider haben wir keine Verwendung für Sie.« Er wandte sich wieder an Scales. »Sie sind ein Universalspender – sehr nützlich für solche Fälle. Herz ist wohl ganz gesund, wie? Sie machen einen kräftigen Eindruck und sind, Gott sei Dank, nicht fett. Legen Sie bitte Ihren Rock ab und krempeln Sie den Hemdsärmel auf. Es wird Ihnen nichts ausmachen. Zuerst werden Sie sich vielleicht etwas schwach fühlen, aber nach ein, zwei Stunden wird alles wieder in Ordnung sein.«

»Das ist ja beruhigend«, meinte Scales, der immer noch auf den Teller starrte. Die verschmierte Rose war zu seiner Rechten. War sie immer dort gewesen? Nicht auch zu seiner Linken? Wann? Bevor die Blutstropfen auf den Teller kamen? Oder danach? Wie konnte sich die Position geändert haben? Als der Arzt den Teller in die Hand nahm? Oder hatte Walter den Teller vielleicht mit seinem Ärmel erfaßt und umgedreht, als er so wild auf den Wandschirm zustürzte? War das geschehen, bevor die Proben gekennzeichnet worden waren? Ganz sicher vorher – nachdem sie entnommen und ehe sie gekennzeichnet waren. Und das bedeutete…

Der Arzt öffnete wieder die Trommel und nahm Verbandzeug, Zange, Schere, eine Glasflasche und eine Spritze heraus.

Das bedeutet, daß sein eigenes Blut und Walters Blut die Plätze vertauscht hatten, *bevor* der Test mit dem Serum gemacht wurde, und wenn sich das so verhielt…

Der Verschluß der Trommel schnappte zu.

Wenn auch nur der geringste Zweifel bestand, mußte man den Arzt darauf aufmerksam machen und den Test wiederholen lassen. Aber vielleicht war ihrer beider Blut verwendungsfähig, und der Arzt hatte lediglich ihm den Vorzug gegeben vor dem armen Walter, der wie Espenlaub zitternd neben ihm stand. Klumpen mit A, klar mit B; Klumpen mit B, klar mit A – er konnte sich nicht mehr entsinnen, wie das war…

»Nein, tut mir leid«, wiederholte der Arzt und bugsierte Walter kurz entschlossen zur Tür. Dann kehrte er an den Tisch zurück. »Armer Kerl – kann nicht verstehen, warum sein Blut nicht brauchbar ist. Hoffnungslos. Ebensogut könnte ich Mr. Drury Blausäure injizieren.«

Die rosafarbene Rose.

»Doktor –«, begann Scales.

Und plötzlich ertönte Drurys Stimme hinter dem Schirm; er sprach die Zeile, die ursprünglich zynisch klingen sollte, sprach sie aber, wie er sie in fast hundert Aufführungen auf der Bühne gesprochen hatte:

»Schon gut, schon gut, regen Sie sich nicht auf – ich werde auf meinen Lorbeeren ausruhen.«

Die verhaßte Stimme, die Stimme des Komödianten, süß wie Honigseim, flüssig und voll wie eine berauschte Flöte.

Zum Teufel mit ihm! Scales spürte, wie der Gummistreifen oberhalb seines Ellbogens straffer gezogen wurde. Hoffentlich stirbt er. Ich würde alles darum geben, wenn ich diese Stimme nicht mehr zu hören brauchte. Ich würde...

Er beobachtete, wie sein Arm anschwoll und blaue und rote Flecken darauf erschienen. Der Arzt machte ihm eine Einspritzung.

Ich würde alles geben. Mein Leben. Mein Blut. Ich brauche *nur* mein Blut zu geben – und den Mund zu halten. Der Teller ist tatsächlich umgedreht worden. Nein, ich weiß es nicht. Es ist Sache des Arztes, sich darum zu kümmern... Ich kann jetzt nichts mehr sagen, er würde sich sonst wundern, warum ich nicht eher gesprochen habe... Autor opfert Blut, um Wohltäter zu retten... Rosen zu seiner Rechten, Rosen zu seiner Linken... Rosen, Rosen überall... Ich werde auf meinen Lorbeeren ausruhen...

Jetzt der Einstich. Sein Blut floß, stieg in den Glasbehälter. Jemand brachte eine Schale mit warmem Wasser, von der schwacher Dampf aufstieg.

Sein Leben für seinen Freund... Nach ein, zwei Stunden alles wieder in Ordnung... Blutsbrüder... Blut bedeutet Leben... könnte ihm ebensogut Blausäure geben... Einen Mann mit Blut vergiften... mit dem eigenen Blut... ganz neue Mordmethode... Mord...

»Zappeln Sie nicht so«, sagte der Arzt.

Und was für ein Motiv! Der Dichter mordet, um sein Künstlertum zu retten... Wer würde glauben... Und dabei sogar Geld einbüßen...Dein Geld oder dein Leben... sein Leben für seinen Freund... seinen Freund für sein Leben... Leben oder Tod... Nicht zu wissen, wer der Spender war... nicht wirklich zu wissen... eigentlich überhaupt nicht zu wissen... Zu spät, um noch etwas zu sagen... Niemand hat gesehen, daß der Teller umgedreht wurde... Wer würde je denken...?

»So, das genügt«, sagte der Arzt. Er lockerte den Gummistreifen, zog die Nadel heraus und tupfte die Punktur mit Watte ab – alles, wie es Scales schien, mit einer einzigen Bewegung. Dann stellte er das Gefäß mit dem Blut in einen kleinen Ständer über der Schale mit dem warmen Wasser und verband seinen Arm. »Wie fühlen Sie sich? Bißchen schwach? Gehen Sie hinüber ins andere Zimmer und legen Sie sich eine Weile hin.«

Scales öffnete seinen Mund, um zu sprechen, wurde aber plötzlich von einer merkwürdigen Übelkeit befallen. Er stürzte zur Tür und sah im Vorbeieilen, wie der Arzt das Blut hinter den Schirm trug.

Der Kuckuck soll den Reporter holen! Der drückte sich immer noch hier herum. So etwas war für die Zeitungen gefundenes Fressen. »Heldenhaftes Opfer eines dankbaren Autors.« Gute Story, wenn der heldenhafte Autor den Reporter beim Wickel nähme und ihm die unglaubliche Wahrheit ins Ohr flüsterte: »Ich habe ihn gehaßt, aus tiefster Seele, das kann ich Ihnen versichern. Ich habe ihn vergiftet. Mein Blut ist Gift für ihn, Schlangenblut, Drachenblut...«

Und was würde der Arzt sagen? Wenn Drury stürbe, würde er Verdacht schöpfen? Was könnte er schon vermuten? Er hatte nicht gesehen, daß der Teller verschoben war. Niemand hatte das gesehen. Er könnte sich selbst der Nachlässigkeit zeihen, aber das würde er wahrscheinlich nicht ausposaunen. Und er *war* nachlässig gewesen, dieser aufgeblasene, fette, schwatzhafte Narr. Warum hatte er die Proben nicht sofort gekennzeichnet? Warum hatte er Scales' Blut nicht noch mit Drurys Blut getestet? Wozu mußte er so viele Erklärungen abgeben? Einem sagen, wie leicht es war, seinen Wohltäter zu ermorden?

Scales hätte brennend gern gewußt, was sich dort in der Garderobe abspielte. Walter hielt sich draußen im Gang auf. Walter war eifersüchtig, hatte ihn scheel angeblickt, als er nach der Blutentnahme hereingestolpert kam. Wenn Walter wüßte... Erst jetzt kam Scales in den Sinn, daß er Walter einen schäbigen Streich gespielt hatte, ihn betrogen hatte – Walter, der so sehr danach verlangte, sein rechtes, wahres, lebensspendendes Blut zu opfern...

Zwanzig Minuten, fast eine halbe Stunde vergingen. Wann würden sie wissen, ob alles in Ordnung oder alles mißlungen war? »Ebensogut könnte ich ihm Blausäure injizieren«, hatte der Arzt gesagt. Das deutete auf eine ziemlich drastische Wirkung. Blausäure wirkte rasch – man starb, wie von einer Axt gefällt.

Scales stand auf, schob Walter und den Reporter beiseite und überquerte den Gang. In Drurys Zimmer war der Schirm fortgerückt worden. Als Scales durch die Tür blickte, konnte er Drurys Gesicht sehen; es war weiß und glänzte von Schweiß. Der Arzt beugte sich über den Patienten und fühlte ihm den Puls. Er sah unglücklich, fast bestürzt aus. Plötzlich drehte er sich um, erblickte Scales und kam zu ihm herüber. Er schien Minuten zu brauchen, um das Zimmer zu durchqueren.

»Es tut mir leid«, sagte er. »Ich bin in großer Sorge. Sie haben Ihr Bestes getan – wir alle haben unser Bestes getan.«

»Hat es nichts genützt?« flüsterte Scales, dessen Zunge und Gaumen wie ausgedörrt waren.

»In solchen Fällen lassen sich keine sicheren Prognosen stellen«, erwiderte der Arzt. »Ich fürchte, daß er sterben wird.« Er brach ab, und seine Augen blickten unsicher. »Ein zu großer Blutverlust«, murmelte er, als ob er sich selbst die Geschichte erklären wollte, »dazu Schock, Überlastung des Herzens, leicht erregbar. Er klagte fast sofort über Schmerzen im Rücken.« Mit größerer Zuversicht fügte er hinzu: »Es ist immer ein gewisses Risiko, wenn die Blutübertragung so spät erfolgt – und manchmal ist eine besondere Idiosynkrasie vorhanden. Ich hätte einen direkten Test vorgezogen, aber es ist unangenehm, wenn der Patient während dieser Untersuchung stirbt.«

Mit einem verlegenen Lächeln trat er wieder an die Couch,

und Scales folgte ihm. Wenn Drury es vermocht hätte, den Tod auf der Bühne so darzustellen wie jetzt! Scales konnte sich nicht von der Vorstellung befreien, daß Drury schauspielerte – daß der Glanz auf der Haut Schminke war und das rauhe, mühselige Atmen das einstudierte Todesröcheln. Wenn die Wirklichkeit so theatralisch sein konnte, dann mußte das Theater beunruhigend der Wirklichkeit ähneln.

Irgend jemand schluchzte in seiner Nähe. Walter war ins Zimmer geschlichen, und diesmal machte ihm der Arzt Platz.

»Oh, Mr. Drury!« jammerte Walter.

Drurys blaue Lippen bewegten sich. Er öffnete die Augen; die vergrößerten Pupillen ließen sie schwarz und sehr groß erscheinen.

»Wo ist Brand?«

Der Arzt wandte sich fragend an die anderen. »Wer ist Brand?«

»Die zweite Besetzung«, flüsterte Scales. Walter sagte: »Er wird gleich hier sein, Mr. Drury.«

»Das Publikum wartet«, keuchte Drury. Er holte mühsam Atem und sprach mit seiner alten Stimme:

»Brand! Holen Sie Brand! Vorhang auf!«

Garrick Drurys Tod war eine Meisterleistung.

Niemand, dachte Scales, wird es je wissen. Nicht einmal er selbst. Drury hätte durch den Schock sterben können. Es ließ sich jetzt nicht mit Sicherheit sagen, daß das Blut nicht richtig war; die Sache mit der verschmierten Rose konnte Einbildung gewesen sein. Auch wenn man tief in seinem Innern anderer Überzeugung war – beweisen konnte es niemand. Oder vielleicht doch? Es mußte natürlich eine Leichenschau stattfinden. Würden Sie eine Autopsie machen? Konnten sie beweisen, daß das Blut nicht richtig war? Wenn ja, dann war es Sache des Arztes, seine Erklärungen abzugeben: »Besondere Idiosynkrasie«, Zeitnot und so weiter. Er *mußte* diese Erklärungen geben oder sich der Nachlässigkeit bezichtigen.

Niemand konnte nachweisen, daß der Teller bewegt worden war. Walter nicht und der Doktor nicht. Ebensowenig ließ es sich nachweisen, daß er, Scales, es gesehen hatte. Die

Annahme, daß er, der durch Drurys Tod so viel verlor, es gesehen und geschwiegen haben könnte, war unrealistisch. Es gibt Dinge, die selbst die Einbildungskraft eines Coroners und das Vorstellungsvermögen einer Leichenschaukommission übersteigen.

Der Mann, der Bescheid wußte

Vielleicht zum zwanzigstenmal, seit der Zug in Carlisle abgefahren war, sah Pender von seinem Buch – *Mord im Pfarrhaus* – auf und begegnete dabei dem Blick des Mannes ihm gegenüber.

Er runzelte leicht die Stirn. Es störte ihn, so genau gemustert zu werden und immer mit solch einem unbestimmten, überlegenen Lächeln. Noch mehr aber störte ihn, daß er sich von dem Lächeln und den prüfenden Augen so aus der Ruhe bringen ließ. Mit dem festen Entschluß, sich auf den in seiner Bibliothek ermordeten Pfarrer zu konzentrieren, wandte Pender sich wieder dem Buch zu. Doch die Geschichte war von jener pedantisch gelehrten Art, die alle aufregenden Vorfälle im ersten Kapitel zusammendrängt und danach in langen Deduktionsketten weitergeführt wird, bis sie am Ende zu einer wissenschaftlichen Lösung gelangt. Der dünne Faden des Interesses, der Penders Denken nur oberflächlich fesselte, riß. Zweimal mußte er zurückblättern, um einzelne Punkte nachzuprüfen, die er überlesen hatte. Dann wurde ihm bewußt, daß seine Augen drei Seiten gründlicher Beweisführung aufgenommen hatten, ohne das geringste davon an das Gehirn weiterzugeben. Seine Gedanken verweilten nicht bei dem ermordeten Pfarrer – immer lebhafter beschäftigte ihn das Gesicht seines Gegenübers. Ein hintergründiges Gesicht, dachte Pender.

Die Züge an sich hatten nichts sonderlich Bemerkenswertes, ihr Ausdruck erschreckte Pender. Es war ein Gesicht voller Heimlichkeiten, das Gesicht eines Menschen, der eine Menge Dinge zu anderer Leute Nachteil weiß. Der Mund, ein wenig krumm und in den Winkeln verkniffen, wirkte so, als koste der Mann genüßlich ein verstohlenes Amüsement aus. Die Augen hinter einem randlosen Zwicker glitzerten seltsam, aber das konnte auch von dem Licht kommen, das sich in den Brillengläsern spiegelte. Pender fragte sich, welchen Beruf der Mann haben mochte. Er trug einen dunklen Sakkoanzug, einen Regenmantel und einen Filzhut; er mochte um die Vierzig sein.

Pender hustete überflüssigerweise und lehnte sich in seine Ecke zurück, wobei er seinen Kriminalroman wie eine Schutzwand vor das Gesicht schob. Das war mehr als nutzlos. Er gewann den Eindruck, der Mann durchschaue das Manöver und mache sich im stillen darüber lustig. Pender wäre am liebsten auf seinem Platz hin und her gerutscht, aber er hatte das dunkle Gefühl, dies würde irgendwie einen Sieg für den anderen bedeuten. In seiner Befangenheit hielt er sich so stocksteif, daß es ihm rein physisch unmöglich war, seinem Buch Aufmerksamkeit zu schenken.

Vor Rugby hielt der Zug nun nicht mehr, und es war unwahrscheinlich, daß ein Reisender vom Gang her in das Abteil kommen würde, um diese ungemütliche Solitude à deux zu beenden. Aber irgend etwas mußte geschehen. Das Schweigen hatte so lange gedauert, daß jede Bemerkung, und mochte sie auch nichtssagend sein, in die gespannte Atmosphäre wie das unnatürlich schrille Klingeln eines Weckers einbrechen mußte – so wenigstens empfand es Pender. Man konnte selbstverständlich in den Gang hinausgehen und nicht zurückkommen, aber das wäre die Anerkennung einer Niederlage gewesen. Pender ließ seinen *Mord im Pfarrhaus* sinken und fing wieder einen Blick des Mannes auf.

»Wird es Ihnen über?« fragte der Mann.

»Nachtfahrten sind immer ein bißchen langweilig«, antwortete Pender halb erleichtert und halb widerstrebend. »Möchten Sie ein Buch?«

Er zog *Die verräterische Heftklammer* aus seiner Aktentasche und hielt sie dem Mann hoffnungsvoll entgegen. Der andere warf einen Blick auf den Titel und schüttelte den Kopf.

»Vielen Dank«, sagte er, »aber ich lese nie Kriminalromane. Sie sind so unbefriedigend, finden Sie nicht?«

»Es fehlt ihnen ziemlich an Charakterzeichnung und menschlichem Gewicht«, erwiderte Pender, »aber auf einer Eisenbahnfahrt –«

»Das meine ich nicht«, sagte der andere. »Die menschliche Natur interessiert mich nicht. Doch alle diese Mörder sind so unfähig – sie öden mich an.«

»Ach, ich weiß nicht«, antwortete Pender. »Auf jeden Fall haben sie eine ganze Menge mehr Phantasie und Scharfsinn als die Mörder im wirklichen Leben.«

»Als die Mörder, die im wirklichen Leben gefaßt werden – das stimmt«, gab der Mann zu.

»Sogar von denen haben ein paar ihre Sache recht gut gemacht, bevor man sie erwischte«, wandte Pender ein. »Crippen zum Beispiel; er hätte nie in die Falle zu gehen brauchen, wenn er nicht die Nerven verloren hätte und nach Amerika durchgebrannt wäre. George Joseph Smith brachte mindestens zwei Bräute um die Ecke, ehe das Schicksal und die *News of the World* eingriffen.«

»Ja«, sagte der andere, »aber sehen Sie sich die Plumpheit des Ganzen an, die Kompliziertheit, die Lügen, das Drum und Dran. Absolut unnötig.«

»Na hören Sie«, meinte Pender, »Sie können nicht erwarten, daß Sie einen Mord begehen und damit so einfach wegkommen, wie wenn Sie Erbsen ausgehülst hätten.«

»Ach«, sagte der andere, »das meinen Sie also?«

Pender wartete darauf, daß er diese Bemerkung näher erläuterte, aber es folgte nichts. Der Mann lehnte sich zurück und lächelte auf seine verstohlene Weise zum Wagendach hinauf; er schien zu denken, es lohne sich nicht, die Unterhaltung weiterzuführen. Pender, der sein Buch wieder aufnahm, ertappte sich plötzlich dabei, daß ihn die Hände seines Reisegefährten fesselten. Sie waren weiß und erstaunlich langfingrig. Er beobachtete, wie sie sachte auf das Knie ihres Besitzers klopften – dann blätterte er entschlossen eine Seite um, legte das Buch wieder nieder und sagte:

»Nun, wenn es so leicht ist, wie würden *Sie* es anstellen, einen Mord zu begehen?«

»Ich?« wiederholte der Mann. Das Licht auf den Brillengläsern ließ seine Augen für Pender völlig ausdruckslos erscheinen, aber seine Stimme klang sanft und belustigt. »Das ist etwas anderes, *ich* müßte nicht zweimal darüber nachdenken.«

»Warum nicht?«

»Weil ich zufällig Bescheid weiß, wie man es macht.«

»Wirklich?« murrte Pender rebellisch.

»O ja. Da ist nichts weiter dabei.«

»Wie können Sie das wissen? Sie haben es doch nicht ausprobiert, nehme ich an.«

»Das ist keine Frage des Ausprobierens«, sagte der Mann. »Bei meiner Methode bedarf es keiner Versuche. Das ist gerade das Schöne daran.«

»So etwas sagt sich leicht«, gab Pender zurück. »Aber wie sieht nun diese wunderbare Methode aus?«

»Sie können nicht erwarten, daß ich Ihnen das erzähle, nicht wahr?« sagte der Mann und heftete seine Augen wieder auf Pender. »Es wäre vielleicht gefährlich. Sie sehen zwar ziemlich harmlos aus, aber wer konnte harmloser wirken als Crippen? Niemand ist reif dafür, daß man ihm die *absolute* Kontrolle über andrer Leute Leben anvertrauen könnte.«

»Unsinn!« rief Pender aus. »Ich würde nie daran denken, jemanden zu ermorden.«

»O doch, Sie würden«, sagte der Mann, »wenn Sie wirklich glaubten, es sei gefahrlos. Jeder würde es. Warum werden von Kirche und Gesetz all diese gewaltigen künstlichen Schranken um den Mord aufgerichtet? Eben weil er jedermanns Verbrechen ist, so natürlich wie Atmen.«

»Aber das ist doch lächerlich!« rief Pender hitzig.

»Das glauben Sie wirklich? Sagen würden es die meisten Leute. Aber ich traue ihnen nicht. Nicht, wenn man Thanatolsulfat in jeder Apotheke kaufen kann.«

»Was für ein Sulfat?« fragte Pender scharf.

»Aha, Sie meinen, ich verrate Ihnen etwas. Nun, es ist eine Verbindung von Sulfat mit ein paar anderen Stoffen – alle gleich gebräuchlich und billig. Für neun Pence könnten Sie genug herstellen, um das ganze Kabinett zu vergiften – und sogar Sie würden das schwerlich ein Verbrechen nennen, nicht wahr? Aber selbstverständlich würde man nicht den ganzen Verein auf einmal um die Ecke bringen; es könnte auffällig aussehen, wenn sie alle gleichzeitig in ihrer Badewanne sterben würden.«

»Warum in der Badewanne?«

»Dort würde es sie erwischen. Das heiße Wasser bringt den Stoff zur Wirkung. Irgendwann im Zeitraum von ein paar Stunden bis zu ein paar Tagen, nachdem er eingenommen wurde. Eine ganz einfache chemische Reaktion, die durch Analyse unmöglich ermittelt werden kann. Sieht nach einem simplen Herzschlag aus.«

Pender betrachtete ihn mit Unbehagen. Das Lächeln gefiel ihm gar nicht; es war selbstgefällig, beinahe schadenfroh – triumphierend! Er konnte es nicht genau benennen.

»Wissen Sie«, fuhr der Mann fort, während er nachdenklich eine Pfeife aus der Tasche zog und sie zu stopfen begann, »es ist eigentümlich, wie oft man von Leuten liest, die tot in der Badewanne gefunden werden. Es muß ein sehr alltäglicher Unglücksfall sein. Recht verlockend also. Schließlich hat Mord eine große Faszination an sich. Die Sache wächst einem über den Kopf – das heißt, ich denke mir, sie würde einem über den Kopf wachsen.«

»Sehr wahrscheinlich«, sagte Pender.

»Nehmen Sie Palmer. Nehmen Sie Gesina Gottfried. Nehmen Sie Armstrong. Nein, ich würde niemandem trauen, der die Formel kennt – nicht einmal einem tugendhaften jungen Mann wie Ihnen.«

Die langen weißen Finger stopften den Tabak fest in den Pfeifenkopf und zündeten ein Streichholz an.

»Aber wie ist das mit Ihnen?« fragte Pender gereizt. (Niemand schätzt es, als tugendhafter junger Mann bezeichnet zu werden.) »Wenn man keinem trauen kann –«

»Dann auch mir nicht, wie?« antwortete der andere. »Nun ja, das stimmt, doch jetzt ist es zu spät, nicht wahr? Ich weiß die Formel und kann dieses Wissen nicht einfach auslöschen.

Das ist Pech, aber so steht es nun einmal. Auf jeden Fall haben Sie den Trost, daß *mir* wahrscheinlich nichts Unangenehmes zustoßen wird. – Du liebe Zeit! Schon Rugby. Ich muß hier aussteigen. Habe eine Kleinigkeit zu erledigen in Rugby.«

Er stand auf und reckte sich, dann knöpfte er seinen Regenmantel zu und zog den schäbigen Hut tiefer auf die geheimnisvollen Brillengläser herab. Der Zug fuhr langsamer und hielt. Mit kurzem Gutenachtgruß und einem schiefen Lächeln stieg der Mann aus. Pender sah ihm nach, wie er mit raschen, langen Schritten jenseits des Lichtkreises der Gaslaterne im Nieselregen verschwand.

»Verrückt oder so etwas Ähnliches«, sagte Pender seltsam erleichtert. »Gott sei Dank habe ich jetzt den Wagen anscheinend für mich allein.«

Er wandte sich wieder dem *Mord im Pfarrhaus* zu, aber seine Gedanken schweiften immer wieder ab.

»Wie hieß das Zeug, von dem der Bursche sprach?« Um alles in der Welt konnte er sich nicht darauf besinnen.

Am folgenden Tag entdeckte Pender die Zeitungsnotiz. Er hatte den *Standard* gekauft, um ihn beim Mittagessen zu lesen, und das Wort »Badewanne« sprang ihm in die Augen:

> *Reicher Fabrikant in der Badewanne gestorben.*
> Traurige Entdeckung der Ehefrau.
>
> Eine schmerzliche Entdeckung machte heute morgen Mrs. John Brittlesea, die Gattin des bekannten Inhabers der Brittlesea Maschinenbauwerke in Rugby. Als ihr Mann, den sie knapp eine Stunde zuvor gesund und wohl gesehen hatte, nicht rechtzeitig zum Frühstück kam, suchte sie nach ihm im Badezimmer, wo der Ingenieur, nachdem man die Tür aufgebrochen hatte, tot in der Badewanne aufgefunden wurde. Nach dem ärztlichen Befund war der Tod etwa eine halbe Stunde vorher eingetreten. Als Todesursache wird ein Herzschlag angegeben. Der verstorbene Fabrikant...

»Das ist ein seltsamer Zufall«, sagte Pender. »In Rugby. Ich könnte mir denken, daß das meinen unbekannten Freund interessieren würde – wenn er noch dort ist und seine Kleinigkeit erledigt. Ich wüßte übrigens ganz gern, was er zu erledigen hatte.«

Es ist eigentümlich: Wird die Aufmerksamkeit eines Menschen einmal auf bestimmte Dinge gelenkt, so scheinen sie ihn zu verfolgen. Man bekommt zum Beispiel eine Blinddarmentzündung, und sofort sind alle Zeitungen voll von Meldungen über Staatsmänner, die Blinddarmentzündung haben, und über Leute, die daran sterben; man erfährt, daß sämtliche Bekannten schon Blinddarmentzündung hatten oder Leute gut kennen, die sie gehabt haben und entweder daran starben oder sich mit viel größerer Schnelligkeit davon erholten als man selbst; man kann keine Illustrierten aufschlagen, ohne die Behandlung der Blinddarmentzündung als einen Triumph moderner Chirurgie erwähnt zu finden, auf keine wissenschaftliche Abhandlung stoßen, ohne etwas über einen Vergleich zwischen dem Wurmfortsatz des Menschen und des Affen zu lesen. Wahrscheinlich sind diese Hinweise auf Blinddarmentzündung jederzeit genauso häufig, aber man beachtet sie nur, wenn man innerlich darauf eingestellt ist. Auf jeden Fall erklärte sich Pender so die gerade jetzt auftretende ungewöhnliche Häufung der Fälle, wo Leute in der Badewanne starben.

Die Sache verfolgte ihn auf Schritt und Tritt. Immer mit dem gleichen Ablauf der Ereignisse: das heiße Bad, die Entdeckung der Leiche, die gerichtliche Untersuchung. Und immer die gleiche ärztliche Erklärung: Herzschlag infolge des Eintauchens in zu heißes Wasser. Pender erschien es langsam so, als könnte man überhaupt nicht ohne Gefahr in ein heißes Bad steigen. Er ging dazu über, sein eigenes Badewasser jeden Tag kühler einlaufen zu lassen, bis das Baden fast unangenehm wurde.

Jeden Morgen überflog er seine Zeitung nach Meldungen über Badeunfälle, bevor er sich hinsetzte, um die neuesten Nachrichten zu lesen. Und er war gleichzeitig erleichtert und auf unklare Weise enttäuscht, wenn eine Woche dahinging ohne Badezimmertragödie.

Einer der plötzlichen Todesfälle, die auf diese Weise eintraten, war der einer jungen, schönen Frau, deren Mann, ein Chemiker, ein paar Monate zuvor vergeblich versucht hatte, sich von ihr scheiden zu lassen. Der Untersuchungsrichter neigte dazu, ein Verbrechen zu vermuten, und nahm den Mann in ein strenges Kreuzverhör. Es schien jedoch nichts anderes herauszukommen als die übliche Diagnose des Arztes. Pender, der über der unwahrscheinlichen Möglichkeit brütete, wünschte wieder einmal, er könnte sich an den Namen des chemischen Stoffes erinnern, den der Mann im Zug erwähnt hatte.

Dann geschah das Aufregende in Penders nächster Nachbarschaft. Der alte Mr. Skimmings, der allein mit seiner Haushälterin in der Straße gleich um die Ecke wohnte, wurde tot in seinem Badezimmer aufgefunden. Sein Herz war nie sehr widerstandsfähig gewesen. Die Haushälterin erzählte dem Milchmann, sie habe immer etwas Derartiges erwartet, denn der alte Herr sei daran gewöhnt gewesen, sein Bad recht heiß zu nehmen. Pender ging zum gerichtlichen Untersuchungstermin.

Die Haushälterin machte ihre Aussage. Mr. Skimmings sei der freundlichste Arbeitgeber gewesen, und sein Verlust treffe sie tief. Nein, sie habe nichts davon gewußt, daß Mr. Skimmings ihr eine große Geldsumme vermacht hatte, aber das entspreche ganz seiner Herzensgüte. Der Spruch des Gerichts lautete: Tod durch Unglücksfall. An diesem Abend machte Pender seinen üblichen kleinen Spaziergang mit dem Hund. Ein Gefühl der Neugierde führte ihn zum Haus des verstorbenen Mr. Skimmings. Als er eben daran vorüberschlenderte und zu den dunklen Fenstern emporsah, öffnete sich die Gartentür und ein Mann trat heraus. Im Licht der Straßenlaterne erkannte ihn Pender sofort.

»Guten Abend!« sagte er.

»Ach, Sie sind es?« antwortete der Mann. »Sie besichtigen wohl den Schauplatz der Tragödie, wie? Was denken denn *Sie* über die ganze Geschichte?«

»Oh, nicht sehr viel«, sagte Pender. »Ich kannte den Mann nicht. Seltsam, daß wir uns so wiedertreffen.«

»Ja, nicht wahr? Ich nehme an, Sie wohnen hier in der Nähe.«

»Ja«, sagte Pender und wünschte gleich darauf, er hätte es nicht gesagt. »Wohnen Sie auch hier in der Gegend?«

»Ich?« fragte der Mann. »Nein. Ich habe hier nur eine Kleinigkeit erledigt.«

»Als wir uns das letztemal trafen«, sagte Pender, »hatten Sie etwas in Rugby zu tun.« Die beiden bummelten langsam miteinander die Straße hinunter zu der Ecke, an der Pender abbiegen mußte, um nach Hause zu gelangen.

»So war es«, stimmte der andere bei. »Meine Beschäftigung führt mich im ganzen Land umher. Ich weiß nie, wo ich am nächsten Tag gewünscht werde.«

»Es war doch während Ihres Aufenthalts in Rugby, als man den alten Brittlesea tot in der Badewanne auffand, nicht wahr?« bemerkte Pender unbedacht.

»Ja. Merkwürdiger Zufall.« Der Mann bedachte ihn mit einem Seitenblick durch die blitzenden Brillengläser. »Er hinterließ sein ganzes Geld seiner Frau. Sie ist jetzt sehr reich. Sehr attraktiv – viel jünger als er.«

Sie gelangten zu Penders Gartentor. »Kommen Sie herein und trinken Sie etwas mit mir«, sagte Pender, und wieder bedauerte er sogleich seine impulsive Äußerung.

Der Mann nahm die Einladung an, und sie gingen in Penders Junggesellenwohnung.

»Bemerkenswert, wieviele von diesen Todesfällen in der Badewanne in letzter Zeit vorgekommen sind, nicht?« sagte Pender nachlässig, als er Soda in die Gläser spritzte.

»Sie finden es bemerkenswert?« Der Mann wandte seinen üblichen Kniff an, alles, was man zu ihm sagte, als Frage zu wiederholen. »Nun, ich weiß nicht. Vielleicht ist es so. Aber das war immer ein ziemlich alltäglicher Unfall.«

»Ich nehme an, ich habe mehr darauf geachtet wegen jenes

Gesprächs, das wir im Zug führten.« Pender lachte ein wenig befangen. »Ich frage mich bloß – Sie wissen, wie man reagiert –, ob jemand anders zufällig auf dieses Zeug gestoßen ist, das Sie erwähnten – wie hieß es doch?«

Der Mann überhörte die Frage.

»Das glaube ich nicht«, sagte er. »Ich bilde mir ein, daß ich der einzige bin, der davon weiß. Ich selbst geriet auch nur durch Zufall an die Sache, als ich etwas anderes suchte. Ich kann mir nicht denken, daß es gleichzeitig in so vielen Teilen des Landes entdeckt wurde. Aber alle die Urteilssprüche zeigen, nicht wahr, was für ein sicherer Weg das wäre, jemand loszuwerden.«

»Sie sind demnach Chemiker?« fragte Pender, indem er den einzigen Satz, der eine Information zu versprechen schien, aufgriff.

»Ach, ich bin von allem ein bißchen. Eine Art ›Mann für sämtliche Rollenfächer‹. Ich treibe auch einige Studien auf eigene Faust. Sie haben da ein paar interessante Bücher, wie ich sehe.« Pender fühlte sich geschmeichelt. Er hatte das Gefühl, daß er für einen Mann in seiner sozialen Stellung – er war bei einer Bank gewesen, bis er ein bißchen Geld erbte – seinen Geist mit gutem Erfolg kultiviert habe, und er wußte, daß seine Sammlung von modernen Erstausgaben eines Tages einiges Geld wert sein würde. Er ging zu dem verglasten Bücherregal und zog ein paar Bände heraus, um sie seinem Besucher zu zeigen.

Der Mann bewies Intelligenz, und bald trat er zu ihm vor die Bücherreihen.

»Das, nehme ich an, entspricht Ihrem persönlichen Geschmack?« Er holte einen Band Henry James herunter und warf einen Blick auf den Deckel. »Ist das Ihr Name? E. Pender?«

Pender bestätigte es. »Ich habe leider nicht das Vergnügen, Sie mit Namen zu kennen«, setzte er hinzu.

»Ach, ich bin einer aus der großen Familie der Smith«, sagte der andere lachend, »und arbeite für mein tägliches Brot. Sie scheinen gutsituiert zu sein.«

Pender erzählte die Geschichte von seiner Anstellung bei der Bank und der Erbschaft.

»Sehr schön, nicht wahr?« sagte Smith. »Nicht verheiratet? Nein. Sie sind ein Glückskind. Scheinen kein... keine nützlichen Chemikalien zu brauchen in der nächsten Zukunft. Und Sie werden sie nie brauchen, wenn Sie zusammenhalten, was Sie besitzen, und Frauen und Börsenspekulationen meiden.«

Er lächelte Pender von der Seite an. Nun, da er keinen Hut aufhatte, sah Pender, daß sein Kopf dicht mit krausen grauen Haaren bedeckt war, was ihm ein älteres Aussehen verlieh als im Eisenbahnwagen.

»Nein, ich werde Sie noch eine Weile nicht um Hilfe angehen«, sagte Pender lachend. »Übrigens – wie würde ich Sie dann finden, wenn ich Sie sprechen möchte?«

»Das wäre nicht nötig«, antwortete Smith, »*ich* würde *Sie* finden. Da gäbe es nie Schwierigkeiten.« Er grinste sonderbar. »Ich muß jetzt gehen. Vielen Dank für Ihre Gastfreundschaft. Ich glaube nicht, daß wir uns wiedertreffen – aber natürlich ist es möglich. Die Dinge entwickeln sich oft seltsam, nicht wahr?«

Als er gegangen war, griff Pender nach seinem Glas Whisky, das noch beinahe voll dastand.

»Eigenartig!« sagte er zu sich selbst. »Ich erinnere mich nicht, daß ich das eingeschenkt habe. Wahrscheinlich war ich abgelenkt und tat es mechanisch.« Langsam leerte er das Glas und dachte über Smith nach.

Was in aller Welt tat Smith in Skimmings' Haus?

Eine sonderbare Geschichte das Ganze. Wenn Skimmings' Haushälterin von dem Geld gewußt hatte... Aber sie hatte nichts davon gewußt, und wenn, wie konnte sie herausfinden, daß Smith und sein Dingsda-Sulfat... das Wort war ihm auf der Zunge gelegen.

Das wäre nicht nötig. Ich würde Sie finden. Was hatte er damit gemeint? Aber all das war lächerlich. Smith war nicht der Teufel – vermutlich. Doch wenn er wirklich dieses Geheimnis besaß – wenn es ihm gefiel, es auszuwerten... Unsinn!

Etwas in Rugby zu tun – eine Kleinigkeit in Skimmings' Haus zu erledigen. Ach, albern!

Man kann niemand trauen. Absolute Macht über das Leben eines anderen Menschen ... das wächst einem über den Kopf.

Wahnsinn! Und falls etwas an der Sache war, dann mußte der Mann verrückt sein, ihm davon zu erzählen. Wenn Pender auf den Gedanken kommen würde zu reden, konnte er ihn an den Galgen bringen. Die bloße Existenz Penders wäre eine Gefahr.

Dieser Whisky!

Je mehr Pender darüber nachdachte, desto fester wurde seine Überzeugung, daß er ihn nicht eingeschenkt hatte. Smith mußte es getan haben, während er ihm den Rücken kehrte. Warum dies plötzliche Interesse an den Büchern? Es stand in keinerlei Zusammenhang mit allem, was vorhergegangen war. Nun, da Pender es sich genau überlegte, schien ihm, der Whisky sei sehr stark gewesen. War es Einbildung, oder hatte wirklich etwas mit dem Geschmack nicht gestimmt?

Kalter Schweiß trat auf Penders Stirn.

Eine Viertelstunde später, nach einer starken Dosis Senf und Wasser, war Pender wieder im unteren Stockwerk; fröstelnd und elend kauerte er vor dem Feuer. Mit knapper Not war er der Gefahr entronnen ... Er wußte nicht, wie das Zeug wirkte, aber ein paar Tage lang würde er kein heißes Bad nehmen. Man konnte nie vorsichtig genug sein.

Ob nun Senf und Wasser rechtzeitig ihren Zweck erfüllt hatten oder das heiße Bad einen wesentlichen Teil des Verfahrens darstellte, Penders Leben war vorläufig gerettet. Aber er fühlte sich noch immer unbehaglich. An der Vordertür ließ er ständig die Sicherheitskette vorgelegt, und er befahl seinem Diener, keine Fremden ins Haus zu lassen.

Er bestellte zwei weitere Morgenzeitungen, und für sonntags die *News of the World* und las sie Zeile um Zeile sorgfältig durch. Er war wie versessen auf Todesfälle in der Badewanne. Er vernachlässigte seine Erstausgaben und ging dazu über, den gerichtlichen Untersuchungsterminen beizuwohnen.

Drei Wochen später befand er sich aus diesem Anlaß in Lincoln. Ein Mann war im Schwitzbad an einem Herzschlag gestorben – ein dicker Mann mit sitzender Lebensweise. Der Urteilsspruch »Tod durch Unglücksfall« wies in einem Zusatz die Leitung des Bades an, die Gäste streng zu kontrollieren und niemals unbeaufsichtigt im Heißluftraum allein zu lassen.

Als Pender aus dem Gerichtssaal trat, sah er vor sich einen schäbigen Hut, der ihm bekannt vorkam. Er stürzte ihm nach und erwischte Mr. Smith, als dieser eben in ein Taxi einsteigen wollte.

»Smith«, rief er ein wenig atemlos. Ungestüm packte er ihn an der Schulter.

»Was, wieder Sie?« sagte Smith. »Sie haben sich wohl Notizen gemacht über den Fall, wie? Kann ich etwas für Sie tun?«

»Sie Teufel!« sagte Pender. »Sie haben mit der Sache da zu tun! Neulich haben Sie versucht, mich umzubringen.«

»Wirklich? Warum sollte ich das?«

»Dafür wird man Sie hängen«, schrie Pender drohend.

Ein Polizist schob sich durch die wachsende Menschenansammlung.

»Nun«, sagte er, »was ist hier los?«

Smith tippte sich bedeutungsvoll an die Stirn.

»Alles in Ordnung, Wachtmeister«, sagte er. »Der Herr scheint zu denken, ich hätte üble Absichten. Hier ist meine Karte. Der Untersuchungsrichter kennt mich. Aber der Herr hat mich angegriffen. Sie behalten ihn wohl besser im Auge.«

»Das stimmt«, sagte einer der Umstehenden.

»Dieser Mann hat versucht, mich umzubringen«, sagte Pender.

Der Polizist nickte.

»Regen Sie sich nicht auf, Sir«, sagte er. »Denken Sie lieber noch einmal darüber nach. Die Hitze da drin hat Sie ein bißchen durcheinandergebracht. Es hat alles seine Richtigkeit.«

»Aber ich will ihn anzeigen.«

»Das würde ich an Ihrer Stelle nicht tun«, meinte der Polizist.

»Ich sage Ihnen«, rief Pender, »dieser Smith da hat versucht, mich zu vergiften. Er ist ein Mörder. Er hat Unmassen von Menschen vergiftet.«

Der Polizist blinzelte Smith zu.

»Am besten, Sie verschwinden, Sir«, sagte er. »Ich werde das hier regeln. Nun, mein Junge«, er hielt Pender eisern an den Armen fest, »jetzt seien Sie mal friedlich und geben Sie Ruhe. Dieser Herr heißt nicht Smith oder so ähnlich.«

»Schön, wie heißt er dann?« verlangte Pender zu wissen.

»Das geht Sie wohl nichts an«, erwiderte der Schutzmann. »Lassen Sie ihn in Ruhe, oder Sie bekommen Unannehmlichkeiten.«

Das Taxi war weggefahren. Pender blickte um sich in einen Kreis belustigter Gesichter und gab nach.

»Gut, Wachtmeister«, sagte er. »Ich mache Ihnen keine Schwierigkeiten. Ich komme mit auf die Wache und erzähle Ihnen, was ich weiß.«

»Was halten Sie von dem?« fragte der Inspektor den Sergeant, als Pender aus dem Wachlokal gestolpert war.

»Ganz hübsch verrückt«, antwortete der Sergeant. »Hat sich eine fixe Idee zugelegt, oder wie man das nennt.«

»Hm!« sagte der Inspektor. »Na ja, wir haben seinen Namen und seine Adresse. Besser, wir machen ein kleines Protokoll. Er könnte wieder auftauchen. Leute vergiften, so daß sie im Bad sterben, wie? Das ist ein guter Witz. Phantastisch, was diese Irren sich alles ausdenken, nicht?«

Der Frühling in diesem Jahr war häßlich – kalt und neblig. Als Pender zu einem gerichtlichen Untersuchungstermin nach Deptford fuhr, war es März, doch über dem Fluß hing eine dicke Nebeldecke, als ob es November wäre. Die Kälte drang einem bis auf die Knochen. Als er in dem schmutzigen kleinen Gerichtssaal saß und das gelbe Zwielicht aus Gasbeleuchtung und Dunst zu durchdringen suchte, konnte er kaum die Zeugen sehen, wenn sie zum Richtertisch traten. Jeder im Raum schien zu husten. Auch Pender hustete. Seine Glieder schmerzten, und er hatte das Gefühl, eine Grippe zu bekommen.

Angestrengt um sich blickend, glaubte er, auf der anderen Seite des Raumes ein Gesicht zu erkennen, aber der beißende Nebel, der durch jede Ritze drang, stach ihm in die Augen und nahm ihm die Sicht. Er griff tastend in seine Manteltasche, und seine Hand schloß sich tröstend um etwas Dickes, Schweres. Seit jenem Tag in Lincoln war er immer bewaffnet unterwegs. Nicht mit einem Revolver – er verstand sich nicht auf Schußwaffen. Ein Sandsack war viel besser. Er hatte ihn einem alten Mann, der einen Schubkarren schob, abgekauft.

Der übliche Spruch wurde gefällt. Das Publikum begann sich hinauszuschieben. Pender mußte sich nun beeilen, damit er seinen Mann nicht aus den Augen verlor. Er drängte sich, Entschuldigungen murmelnd, durch die Menge. An der Tür hatte er den Mann beinahe erreicht, doch eine dicke Frau kam dazwischen. Er stürzte an ihr vorbei, sie stieß einen Entrüstungsschrei aus. Der Mann vor ihr wandte den Kopf, und das Licht über der Tür glänzte auf seinen Brillengläsern.

Pender zog den Hut in die Stirn und folgte dem andern. Seine Schuhe hatten Kreppsohlen und verursachten auf dem klebrigen Pflaster keinerlei Geräusche. Der Mann ging weiter, schlenderte ruhig die Straße hinauf, bog dann in eine andere ein; er sah sich nie um. Der Nebel war so dicht, daß Pender sich wenige Meter hinter ihm halten mußte. Wohin ging er? In die beleuchteten Straßen? Nach Hause mit dem Bus oder der Straßenbahn? Nein, er wandte sich nach links, in eine enge Gasse.

Hier war der Nebel noch dichter. Pender konnte den Mann nicht mehr sehen, hörte aber die Schritte im gleichbleibenden Rhythmus vor sich. Ihm schien es, als seien sie beide allein auf der Welt – Verfolgter und Verfolger, Mörder und Rächer. Die Straße begann stärker abzufallen. Sie mußten irgendwo nahe am Fluß herauskommen.

Plötzlich traten die schwachen Schatten der Häuser auf einer Seite zurück. Ein freier Platz öffnete sich, mit einer undeutlich sichtbaren Laterne in der Mitte. Die Schritte erstarben. Pender, der geräuschlos hinterhereilte, sah, daß der Mann dicht neben der Laterne stand und anscheinend in einem Notizbuch etwas suchte.

Vier Schritte, und Pender war bei ihm. Er zog den Sandsack aus der Tasche. Der Mann blickte auf.

»Jetzt hab' ich dich«, sagte Pender und schlug mit aller Kraft zu.

Pender hatte recht gehabt. Er bekam wirklich eine Grippe. Es dauerte eine Woche, bis er wieder auf den Beinen war. Das Wetter hatte sich geändert, die Luft war rein und mild. Trotz der Schwäche, die die Krankheit hinterlassen hatte, fühlte er sich, als sei ihm eine schwere Last von den Schultern genommen. Er ging, noch etwas wackelig, zu einer Buchhandlung am Strand, die er besonders schätzte, und kaufte dort eine D. H. Lawrence-Erstausgabe zu einem Preis, von dem er wußte, daß er mehr als vorteilhaft war. Dadurch aufgemuntert, begab er sich in ein kleines Speiselokal, das hauptsächlich von Zeitungsleuten der Fleet Street besucht wurde, und bestellte ein gegrilltes Kotelett und eine Flasche Bier.

Am Nebentisch saßen zwei Journalisten.

»Warst du bei der Beerdigung vom alten Buckley?« fragte der eine.

»Ja«, sagte der andere. »Armer Teufel! Verrückt, daß er so den Schädel eingeschlagen bekam. Er muß unterwegs zu einem Interview mit der Witwe von dem Mann gewesen sein, der im Schwitzbad starb. Eine unsichere Gegend. Wahrscheinlich hatte es einer von Jimmy the Card's Bande auf ihn abgesehen. Er war ein großartiger Kriminalreporter – sie werden so schnell keinen Ersatz für Bill Buckley auftreiben.«

»War auch ein anständiger Kerl. Alter Spaßvogel. Nahm die Leute andauernd auf den Arm. Erinnerst du dich an das Stückchen mit dem Thanatolsulfat?«

Pender fuhr zusammen. *Das* war das Wort, nach dem er so viele Monate lang gesucht hatte. Ein seltsames Schwindelgefühl überkam ihn, und zur Stärkung nahm er einen Schluck Bier.

»... und sah dich dabei an, ernsthaft wie ein Richter«, sagte der eine Journalist gerade. »Gewöhnlich brachte er den Jux im Zug an den Mann, bei armen, harmlosen Tölpeln, um zu sehen, wie sie es aufnahmen. Du wirst es nicht glauben: einer bot ihm schließlich –«

»Moment mal«, unterbrach ihn sein Freund. »Der Mann da drüben ist ohnmächtig geworden. Ich fand schon die ganze Zeit, daß er ein bißchen blaß aussah.«

Der Mann mit den Kupferfingern

Der Egoistenklub ist einer der anregendsten Orte in London. Man kann hingehen, wenn man das Bedürfnis hat, den seltsamen Traum der vergangenen Nacht zu erzählen oder der Mitwelt zu verkünden, was für einen guten Zahnarzt man entdeckt hat. Man kann dort in Ruhe Briefe schreiben, wenn man will, oder auch das Temperament einer Jane Austen entfalten; denn es gibt keinen Raum, in dem Schweigepflicht herrscht. Beschäftigt oder in Gedanken vertieft zu erscheinen, wenn man von einem anderen Mitglied angeredet wird, gilt als Verstoß gegen die Klubetikette. Zwei Gesprächsstoffe sind allerdings tabu: Golf und Fischen. Und wenn der Antrag des Honorable Freddy Arbuthnot bei der nächsten Ausschußsitzung durchgeht, dann darf auch das Thema Radio nicht angeschnitten werden. Im übrigen ist der Klub nicht besonders exklusiv. Niemand ist von vornherein ausgeschlossen mit Ausnahme von schweigsamen Männern. Die Kandidaten müssen jedoch bestimmte Prüfungen bestehen. Welcher Art diese Prüfungen sind, geht daraus hervor, daß ein gewisser hervorragender Forscher nicht aufgenommen wurde, weil er eine sehr starke Trichinopoly-Zigarre annahm und sie zu einem dreiundsechziger Portwein rauchte. Dagegen wurde der gute alte Sir Roger Bunt (der Hökermillionär, der das Preisausschreiben einer Sonntagszeitung in Höhe von zwanzigtausend Pfund gewann und damit einen ungeheuren Restaurationsbetrieb in den Midlands gründete) sehr gerühmt und einstimmig gewählt, nachdem er offen erklärt hatte, daß ihm in dieser Hinsicht Bier und eine Pfeife völlig genügten. Wie Lord Peter bemerkte: »Niemand macht sich etwas aus Roheit, aber bei Grausamkeit muß man die Grenze ziehen.«

An diesem besonderen Abend hatte Masterman (der surrealistische Dichter) einen Gast mitgebracht, einen Mann namens Varden. Varden war zuerst Berufssportler gewesen, aber ein überanstrengtes Herz hatte ihn dazu gezwungen, eine glänzende Karriere aufzugeben und aus seinem gutgeschnittenen Gesicht und auffallend schönen Körper im Dienste der Filmleinwand Kapital zu schlagen. Er war von Los Angeles nach London gekommen, um für seinen neuen großen Film *Marathon* die Werbetrommel zu rühren, und er entpuppte sich als eine durchaus angenehme, unverdorbene Persönlichkeit – zur großen Erleichterung des Klubs, da Mastermans Gäste manchmal ein gewisses Risiko darstellten.

Mit Varden saßen nur acht Männer an diesem Abend im braunen Zimmer. Dieses war mit seinen getäfelten Wänden, gedämpften Lampen und schweren blauen Vorhängen vielleicht das gemütlichste und angenehmste der kleinen Rauchzimmer, von denen der Klub ungefähr ein halbes Dutzend aufwies. Die Unterhaltung war ganz zwanglos in Gang gekommen, als Armstrong einen merkwürdigen kleinen Zwischenfall erzählte, dessen Augenzeuge er am Nachmittag bei der Untergrundbahnstation Temple gewesen war, und Bayes hatte daraufhin erklärt, daß das nichts sei im Vergleich zu der wirklich merkwürdigen Sache, die ihm persönlich eines Abends im dichten Nebel auf den Euston Road passiert sei.

Masterman behauptete, daß die abgelegenen Londoner Plätze einem Schriftsteller reiches Material lieferten, und führte als Beispiel seine eigene ungewöhnliche Begegnung mit einer weinenden Frau und einem toten Affen an, und dann griff Judson den Faden auf und schilderte, wie er einmal zu später Stunde in einer einsamen Vorstadt auf die Leiche einer Frau gestoßen sei, die mit einem Messer in der Seite auf dem Pflaster lag, während ein Polizist regungslos dabeistand. Er, Judson, habe gefragt, ob er irgendwie behilflich sein könne, aber der Polizist habe nur erwidert: »An Ihrer Stelle würde ich mich nicht einmischen, Sir, sie hat verdient, was sie bekommen hat.« Dann erwähnte Pettifer einen sonderbaren Fall aus seiner eigenen medizinischen Praxis: Ein ihm völlig unbekannter Mann habe ihn einmal zu einem Haus in Bloomsbury geführt, wo eine Frau an einer Strychninvergiftung litt. Dieser Mann habe ihm die ganze Nacht über in höchst intelligenter Weise geholfen und sei, sobald die Patientin außer Gefahr war, aus dem Hause marschiert und nie wieder aufgetaucht. Das Merkwürdige aber sei, daß ihm die Frau auf seine Fragen hin höchst überrascht geantwortet habe, sie habe den Mann nie zuvor gesehen und ihn für Pettifers Assistenten gehalten.

»Das erinnert mich«, erklärte Varden, »an etwas noch Seltsameres, das mir mal in New York passiert ist. Ich bin mir heute noch nicht klar darüber, ob es sich um einen Wahnsinnigen oder einen Possenreißer handelte oder ob ich tatsächlich mit knapper Not davongekommen bin.«

Das klang vielversprechend, und man bestürmte den Gast, die Geschichte zum besten zu geben.

»Es liegt eigentlich sehr weit zurück«, sagte der Schauspieler, »sieben Jahre müssen es sein – gerade bevor Amerika in den Krieg eintrat. Ich war damals fünfundzwanzig und seit etwas über zwei Jahren beim Film. Zu der Zeit sprach man in New York viel von einem Manne namens Eric P. Loder, der ein sehr guter Bildhauer gewesen wäre, wenn er nicht mehr Geld gehabt hätte, als gut für ihn war. Das haben mir jedenfalls Leute erzählt, die sich mit diesen Dingen befassen. Er pflegte die Galerien zu beschicken und veranstaltete viele Einzelausstellungen seiner Werke, die von der geistigen Elite besucht wurden – er hat, glaube ich, viele Bronzen geschaffen. Vielleicht kennen Sie etwas von ihm, Masterman?«

»Ich habe keins seiner Werke gesehen«, erwiderte der Dichter, »aber ich erinnere mich an einige Fotografien in der *Kunst von morgen*. Geistreich, aber etwas überreif. Hat er nicht viele Statuen in Gold und Elfenbein ausgeführt? Wahrscheinlich um zu zeigen, daß er sich solche Materialien leisten konnte.«

»Ja, das klingt ganz nach ihm.«

»Natürlich – und dann hat er noch eine sehr raffinierte und ebenso häßliche realistische Gruppe *Lucina* geschaffen und die Unverschämtheit besessen, sie aus massivem Gold gießen und in seiner Eingangshalle aufstellen zu lassen.«

»Ach, das Ding! Ja – einfach scheußlich in meinen Augen.

Allerdings habe ich nie etwas Künstlerisches im Realismus sehen können. Für meine Begriffe soll ein Bild oder eine Statue einen ästhetischen Genuß auslösen. Einen anderen Zweck kann ich nicht darin sehen. Immerhin besaß Loder eine ziemlich große Anziehungskraft.«

»Wie haben Sie ihn eigentlich kennengelernt?«

»Er hatte mich in meinem kleinen Film *Apollo kommt nach New York* gesehen – vielleicht erinnern Sie sich noch daran. Es war meine erste Starrolle. Der Film drehte sich um eine zum Leben erweckte Statue – eine der alten Götter nämlich – und wie der Gott sich in einer modernen Stadt zurechtfindet. Der gute alte Reubenssohn hatte das Stück mit künstlerischer Vollendung produziert. Es war alles so geschmackvoll gehalten, daß man vom Anfang bis zum Ende nichts Anstößiges finden konnte, obwohl man im ersten Teil nur so eine Art Schleier trug – nach dem Vorbild der klassischen Statue, wissen Sie.«

»Apollo von Belvedere?«

»Ich glaube wohl. Kurz und gut, Loder schrieb mir, daß er sich als Bildhauer sehr für mich interessiere, da ich gut gebaut sei und so weiter, und ob ich ihn wohl mal in New York besuchen möchte, wenn ich Zeit hätte. Auf diese Weise entdeckte ich Loder und kam zu der Überzeugung, daß es eine gute Reklame für mich sein würde. Als dann mein Vertrag abgelaufen war und ich eine kleine Kunstpause einlegen konnte, fuhr ich nach New York und stattete ihm einen Besuch ab. Er war sehr nett zu mir und lud mich ein, ein paar Wochen bei ihm zu bleiben, während ich Umschau hielt.

Er hatte ein großartiges, prachtvolles Haus, etwa fünf Meilen außerhalb der Stadt, das von oben bis unten mit Bildern, Antiquitäten und dergleichen vollgestopft war. Ich schätzte ihn auf ungefähr fünfunddreißig bis vierzig. Er war ein dunkler, geschmeidiger Typ mit schnellen, lebhaften Bewegungen und verstand es zu erzählen. Er schien überall gewesen zu sein und alles gesehen zu haben. Von seinen Mitmenschen hatte er anscheinend keine allzu gute Meinung. Man konnte ihm stundenlang zuhören. Über jeden wußte er Anekdoten, vom

Papst bis zum alten Phineas E. Groot vom Chicagoer Ring. Was ich nicht gern von ihm hörte, das waren Zoten. Ich habe nichts gegen eine pikante Geschichte einzuwenden – ganz und gar nicht. Halten Sie mich um Gottes willen nicht für prüde. Aber wenn er so etwas erzählte, dann pflegte er einen dabei anzusehen, als hege er den Verdacht, man sei selbst darein verwickelt. Solch einen Blick habe ich bei Frauen erlebt; ich habe auch Männer gekannt, die ihn Frauen gegenüber anwandten, und beobachtet, wie diese sich vor Verlegenheit wanden. Aber er war der einzige Mann, der bei *mir* ein solches Gefühl auslöste. Abgesehen davon war Loder die fesselndste Persönlichkeit, die mir je über den Weg gelaufen ist. Wie gesagt, sein Haus war schön und seine Tafel erstklassig.

Nur das Beste war für ihn gut genug. Da war seine Mätresse, Maria Morano. Ich habe wohl nie eine Frau gesehen, die ihr das Wasser reichen könnte, und wenn man beim Film arbeitet, stellt man ziemlich hohe Anforderungen an weibliche Schönheit. Sie war eines jener großen, gelassenen Geschöpfe mit schönen, langsamen Bewegungen und einem langsamen, breiten Lächeln. So etwas wächst nicht in den Staaten. Sie stammte aus dem Süden – eine Kabarettänzerin, wie er sagte, und sie widersprach ihm nicht. Er war sehr stolz auf sie, und sie schien ihm auf ihre Art ergeben zu sein. Er pflegte sie, nur mit einem Feigenblatt bekleidet, im Atelier vorzuführen, sie neben einer der Figuren aufzustellen, die er dauernd von ihr machte, und sie Punkt für Punkt miteinander zu vergleichen. Anscheinend gab es an ihrem Körper buchstäblich nur einen halben Zoll, der vom Gesichtspunkt des Bildhauers aus nicht absolut vollkommen war – die zweite Zehe ihres linken Fußes war kürzer als die große Zehe. An ihren Statuen korrigierte er diesen Fehler natürlich immer. Sie selbst hörte sich das alles gewöhnlich mit einem gutmütigen Lächeln an, fühlte sich gewissermaßen geschmeichelt. Aber manchmal, glaube ich, hatte das arme Mädchen es satt, ewig so angeglotzt zu werden. Von Zeit zu Zeit stöberte sie mich nämlich auf und schüttete mir ihr Herz aus. Anscheinend war es ihre große Sehnsucht, ein eigenes Restaurant zu besitzen mit einem Kabarett und sehr vielen Köchen in weißen Schürzen und einer Unmenge glitzernder elektrischer Öfen. ›Und dann würde ich heiraten‹, eröffnete sie, ›und vier Söhne und eine Tochter haben‹, und sie zählte mir alle Namen auf, die sie für ihre Kinder gewählt hatte. Ich fand das rührend. Am Ende einer solchen Unterhaltung gesellte sich Loder einmal zu uns. Auf seinem Gesicht lag ein Grinsen. Ich schloß daraus, daß er uns belauscht hatte. Aber ich glaube nicht, daß er der Sache große Bedeutung beimaß, und das zeigt, daß er das Mädchen nie richtig verstanden hat. Er konnte sich wohl nicht vorstellen, daß eine Frau auf den Lebensstil verzichten würde, den er ihr zu bieten vermochte. Aber wenn er sie auch als seinen Besitz ansah, so stellte er ihr doch niemals eine Rivalin an die Seite. Trotz all seines Geschwätzes und seiner häßlichen Statuen hatte sie ihn am Bändel, und das wußte sie auch.

Ich blieb einen Monat in seinem Haus und hatte ein herrliches Leben. Zweimal bekam Loder einen Kunstrappel. Dann schloß er sich in seinem Atelier ein, um zu arbeiten, und ließ tagelang niemanden zu sich. Er liebte solche Geheimniskrämerei, und wenn seine Arbeitswut verraucht war, veranstaltete er eine Gesellschaft, bei der alle seine Freunde und Anhänger erschienen, um sich das Meisterwerk anzusehen. Er war damals gerade mit der Gestalt einer Nymphe oder Göttin beschäftigt, die in Silber gegossen werden sollte, und Maria, die ihm als Modell diente, ließ sich mit ihm einschließen. Abgesehen von solchen Perioden ging er viel aus, und wir sahen alles, was es zu sehen gab.

Ich war ziemlich ärgerlich – das gebe ich unumwunden zu –, als die Sache zu Ende ging. Der Krieg wurde erklärt, und ich hatte bereits den Entschluß gefaßt, mich zu stellen, falls es soweit kommen sollte. Mein Herz schloß mich vom Schützengrabendienst aus. Aber ich rechnete mit irgendeiner Beschäftigung, wenn ich nicht lockerließ. Daher packte ich meinen Kram zusammen und zog los.

Ich hätte nicht geglaubt, daß es Loder so aufrichtig leid tun würde, mir Lebewohl zu sagen. Er betonte immer wieder, daß wir bald wieder zusammensein würden. Ich wurde dann tatsächlich beim Sanitätsdienst eingestellt und nach Europa geschickt. Und so kam es, daß ich Loder erst im Jahre 1920 wiedersah.

Er hatte mir vorher bereits geschrieben, aber ich mußte 1919 in zwei großen Filmen spielen und hatte keine Zeit. 1920 war ich jedoch wieder in New York, um Reklame für *The Passion Streak* zu machen, und da erhielt ich ein paar Zeilen von Loder, in denen er mich bat, ihn zu besuchen und ihm zu sitzen. Na, das war ja Reklame, die er selbst bezahlen würde. Also willigte ich ein. Ich hatte mich verpflichtet, mit der Filmgesellschaft Mystofilms Ltd. nach Australien zu fahren, um in *Jake of Dead Man's Bush* mitzuspielen – einem Pygmäenfilm, der bei den australischen Buschmännern an Ort und Stelle gedreht werden sollte. Ich telegrafierte ihnen, daß ich in der dritten Aprilwoche in Sydney zu ihnen stoßen würde, und zog mit Sack und Pack zu Loder.

Loder begrüßte mich sehr herzlich, aber ich hatte den Eindruck, daß er seit unserem letzten Beisammensein gealtert war. Er war bestimmt nervöser geworden. Er wirkte – wie soll ich es beschreiben? – intensiver, irgendwie natürlicher. Er brachte seine beliebten zynischen Redensarten so hervor, als spreche er aus tiefster Überzeugung, und wurde immer anzüglicher dabei. Früher hatte ich angenommen, seine Art, alles anzuzweifeln, sei eine künstlerische Pose, aber ich spürte allmählich, daß ich ihm unrecht getan hatte. Er war tatsächlich unglücklich, das konnte ich wohl sehen, und bald entdeckte ich auch den Grund. Als wir im Auto zu seinem Haus hinausfuhren, erkundigte ich mich nach Maria.

›Sie hat mich verlassen‹, lautete die Antwort.

Das kam mir wirklich sehr überraschend. Offen gestanden, hatte ich dem Mädchen soviel Initiative nicht zugetraut. ›Na‹, meinte ich, ›hat sie sich denn tatsächlich ihr Restaurant eingerichtet, nach dem es sie so sehr verlangte?‹

›Oh! Mit Ihnen hat sie also über Restaurants gesprochen? Sie gehören wohl zu den Männern, denen die Frauen ihre Geheimnisse sagen. Nein. Sie hat sehr dumm gehandelt. Sie ist fort.‹

Ich wußte nicht recht, was ich sagen sollte. Seine Eitelkeit war offenbar ebenso verletzt wie seine Gefühle. Ich babbelte die üblichen Redensarten und fügte hinzu, daß es auch einen großen Verlust für seine Arbeit bedeute. Das gab er zu.

Ich fragte ihn, wann es passiert sei und ob er die Nymphe vollendet habe, an der er damals gearbeitet hatte. O ja, meinte er, die und etwas anderes – etwas sehr Originelles, das mir gefallen würde.

Na, wir langten schließlich in seinem Haus an und dinierten. Loder erzählte mir, daß er in Kürze nach Europa fahren würde, und zwar wenige Tage nach meiner Abreise. Die Nymphe stand im Eßzimmer in einer besonderen, in die Wand eingelassenen Nische. Sie war wirklich schön, nicht so protzenhaft wie die meisten seiner Werke, und besaß eine wunderbare Ähnlichkeit mit Maria. Loder wies mir einen Platz ihr gegenüber an, damit ich sie während des Essens sehen konnte, und es war mir tatsächlich fast unmöglich, meine Blicke von ihr loszureißen. Er schien sehr stolz darauf zu sein und versicherte mir immer wieder, wie froh er sei, daß sie mir gefalle. Es fiel mir auf, daß er sich angewöhnt hatte, sich zu wiederholen.

Nach dem Essen gingen wir ins Rauchzimmer. Die Einrichtung war verändert, und das erste, das einem ins Auge fiel, war eine große Couch, die vor dem Kamin stand. Sie erhob sich ein paar Fuß über den Boden und bestand aus einer Basis, die wie ein römisches Liegesofa gestaltet war, mit Kissen und einem ziemlich hohen Rücken, alles aus Eiche mit silberner Einlegearbeit, und obendrauf befand sich als eigentliche Sitzgelegenheit die große silberne Gestalt einer nackten Frau in voller Lebensgröße. Ihr Kopf lag zurück, und die Arme waren an den Seiten des Sofas ausgestreckt. Ein paar große, lose Kissen machten es möglich, das Ding überhaupt als Sitzgelegenheit zu benutzen, obwohl ich gestehen muß, daß man sich nie bequem und respektabel darauf niederlassen konnte. Als Bühnenrequisit, um eine ausschweifende Szene anzudeuten, wäre diese Lagerstatt ausgezeichnet gewesen, aber wenn man sah, wie Loder an seinem eigenen Kamin darauf herumlungerte, konnte einem übel werden. Er schien jedoch sehr daran zu hängen.

›Ich habe Ihnen ja gesagt‹, meinte er, ›daß es etwas Originelles sei.‹

Dann schaute ich mir das Ganze etwas genauer an und entdeckte, daß es tatsächlich Marias Figur war, wenn auch das Gesicht nur skizziert war. Bei einem Möbelstück hatte er wahrscheinlich eine kühnere Behandlung für angebrachter gehalten.

Als ich die Couch sah, kamen mir leichte Zweifel, ob Loder ganz normal sei. Und in den folgenden zwei Wochen wuchs mein Unbehagen in seiner Gegenwart ständig. Seine schon erwähnte anzügliche Art wurde von Tag zu Tag markanter, und manchmal, wenn ich für ihn saß, pflegte er die abscheulichsten Dinge zu erzählen, wobei er mich mit einem höchst widerlichen Blick fixierte, nur um zu sehen, wie ich wohl reagierte. Obwohl er mich fürstlich bewirtete, wurde mir allmählich klar, daß ich mich unter den Buschmännern behaglicher fühlen würde. Das kann ich Ihnen versichern.

Nun komme ich zu der merkwürdigen Begebenheit.«

Alle setzten sich in Positur und hörten gespannter zu.

»Es war am Abend, bevor ich aus New York abreisen mußte«, fuhr Varden fort. »Ich saß –«

In diesem Augenblick öffnete jemand die Tür des braunen Zimmers und wurde sofort mit einem Warnungssignal von Bayes begrüßt. Der Eindringling sank unauffällig in einen tiefen Sessel und mischte sich mit äußerster Vorsicht einen Whisky Soda, um den Sprecher nicht zu stören.

»Ich saß im Rauchzimmer«, begann Varden von neuem, »und wartete auf Loder. Ich war ganz allein im Haus; denn Loder hatte die Dienerschaft beurlaubt, damit sie in einen Film oder eine Vorlesung gehen konnte. Er selbst war damit beschäftigt, seine Sachen für die Europareise zu packen, und hatte eine Verabredung mit seinem Manager. Ich mußte wohl eingeschlafen sein; denn es war schon dämmrig, als ich mit einem Ruck zu mir kam und einen jungen Mann dicht neben mir stehen sah.

Er glich ganz und gar nicht einem Einbrecher und noch viel weniger einem Geist. Er sah – möchte ich fast sagen – außerordentlich normal aus. Er trug einen grauen englischen Anzug und über dem Arm einen rehfarbenen Mantel. Er hatte glattes, hellblondes Haar und ein ziemlich stupides Gesicht mit einer langen Nase und einem Monokel. Ich starrte ihn an; denn ich wußte, daß die Haustür abgeschlossen war. Doch bevor ich mich sammeln konnte, sprach er bereits. Er hatte eine merkwürdige, zaudernde, etwas heisere Stimme und einen starken englischen Akzent. Zu meiner Überraschung fragte er:

›Sind Sie Mr. Varden?‹

›Ich habe nicht die Ehre, Sie zu kennen‹, erwiderte ich.

Er sagte: ›Bitte entschuldigen Sie, daß ich so hereinplatze. Ich weiß, es sieht nach schlechten Manieren aus, aber ich rate Ihnen, sich sobald wie möglich aus diesem Hause zu entfernen.‹

›Was fällt Ihnen denn ein, zum Kuckuck noch mal?‹ protestierte ich.

›Sie dürfen es nicht als Impertinenz auffassen, aber Sie müssen sich klar darüber sein, daß Loder Ihnen niemals verziehen hat. Ich fürchte, er hat die Absicht, Sie in einen Hutständer oder eine Stehlampe oder dergleichen zu verwandeln.‹

Mein Gott! Ich kann Ihnen versichern, mir wurde ganz schwummrig zumute. Die Stimme klang so ruhig, sein Benehmen war tadellos, und doch waren die Worte so sinnlos! Es fiel mir ein, daß Irrsinnige besonders stark sein sollen, und ich drückte mich unmerklich näher an die Klingel heran, bis mir der ernüchternde Gedanke kam, daß ich ja allein im Haus war.

›Wie sind Sie überhaupt hereingekommen?‹ fragte ich mit vorgetäuschtem Mut.

›Leider mit einem Dietrich‹, sagte er so ungezwungen, als ob er sich entschuldigte, daß er keine Visitenkarte bei sich habe. ›Ich konnte ja nicht wissen, ob Loder schon zurück war. Aber ich möchte Ihnen wirklich raten, sich so rasch wie möglich aus dem Staub zu machen.‹

›Hören Sie mal zu‹, sagte ich, ›wer sind Sie eigentlich, und worauf wollen Sie hinaus? Was soll das heißen: Loder hat mir nie verziehen? Was nicht verziehen?‹

›Na‹, sagte er, ›wegen – Sie verzeihen mir doch hoffentlich, daß ich mich in Ihre Privatangelegenheiten einmische – wegen Maria Morano.‹

›Wieso ihretwegen, in Dreiteufelsnamen?‹ ereiferte ich mich. ›Was wissen Sie überhaupt von ihr! Sie ist fortgegangen, als ich noch im Krieg war. Was hat das mit mir zu tun?‹

›Oh‹, sagte der sehr merkwürdige junge Mann, ›ich bitte Sie um Verzeihung. Vielleicht habe ich mich zu sehr auf Loders Urteil verlassen. Verdammt töricht. Aber an die Möglichkeit, daß er sich geirrt haben könnte, habe ich nicht gedacht. Er bildet sich ein, daß Sie Maria Moranos Liebhaber waren, als Sie zuletzt hier weilten.‹

›Marias Liebhaber?‹ fragte ich erstaunt. ›Einfach lächerlich. Sie ist mit irgendeinem Mann davongegangen. Er mußte doch wissen, daß ich es nicht war.‹

›Maria hat dieses Haus nie verlassen‹, erklärte der junge Mann, ›und wenn Sie sich nicht bald auf die Socken machen, kann ich nicht dafür garantieren, daß *Sie* es je verlassen werden.‹

›In Gottes Namen‹, rief ich verzweifelt, ›was wollen Sie damit sagen?‹

Der Mann drehte sich um und warf die blauen Kissen vom Fußende der Couch.

›Haben Sie jemals die Zehen dieser Figur geprüft?‹ fragte er.

›Nicht eingehend‹, erwiderte ich mit wachsendem Staunen. ›Weshalb denn auch?‹

›Haben Sie jemals gesehen, daß Loder eine Skulptur von Maria gemacht hat mit der kurzen zweiten Zehe am linken Fuß?‹ fuhr er fort.

Na, ich habe mir den Fuß dann genauer angesehen, und es war, wie er sagte – der linke Fuß hatte eine kurze zweite Zehe.

›Sie haben recht‹, sagte ich, ›aber warum sollte er es nicht mal so machen?‹

›Ja, warum nicht?‹ meinte der junge Mann. ›Möchten Sie wissen, warum diese Statue die einzige ist, die die Füße der lebenden Frau hat?‹

Er hob den Feuerhaken auf.

›Sehen Sie her!‹ rief er.

Mit bedeutend mehr Kraft, als ich ihm zugetraut hatte, schlug er krachend auf die Silbercouch. Der Kopf des Feuerhakens traf einen Arm der Figur genau am Ellbogengelenk und riß ein zackiges Loch in das Silber. Der junge Mann drehte daran herum und brach den Arm schließlich ab. Er war hohl, und so wahr, wie ich hier sitze, befand sich ein langer, trockener Armknochen darin!«

Varden machte eine Pause und nahm einen großen Schluck aus seinem Whiskyglas.

»Na, und?« riefen mehrere atemlose Stimmen.

»Ich schäme mich nicht«, sagte Varden, »zu bekennen, daß ich aus dem Haus sauste wie ein altes Karnickel, das den Mann mit dem Gewehr hört. Ein Wagen stand gerade vor der Tür, und der Fahrer öffnete den Schlag. Ich taumelte hinein, doch dann kam mir der Gedanke, daß das Ganze eine Falle sein könnte. Also taumelte ich wieder hinaus und rannte, bis ich zu einer Straßenbahn kam. Aber am nächsten Tag fand ich mein Gepäck am Bahnhof, ordnungsgemäß nach Vancouver aufgegeben.

Als ich mich zusammenriß, hätte ich gern gewußt, was Loder über mein plötzliches Verschwinden dachte. Aber keine zehn Pferde hätten mich in dieses gräßliche Haus zurückgeschleift. Am nächsten Morgen reiste ich nach Vancouver, und von dem Tag an bis zu diesem Augenblick habe ich keinen der beiden Männer wiedergesehen. Bis heute habe ich nicht die leiseste Ahnung, wer der blonde junge Mann war oder was aus ihm geworden ist. Aber ich hörte auf Umwegen, daß Loder tot sei – ich glaube, er hat einen Unfall gehabt.«

Es trat eine Pause ein. Dann:

»Eine verdammt gute Geschichte, Mr. Varden«, bemerkte Armstrong – er war ein begeisterter Bastler und hauptsächlich verantwortlich für Mr. Arbuthnots Antrag, das Thema Radio zu verbieten –, »aber wollen Sie sagen, daß ein komplettes Skelett in dem Silberguß vorhanden war? Meinen Sie, daß Loder es in das Innere der Form steckte, als die Figur gegossen wurde? Das wäre sehr schwierig und sehr gefährlich gewesen – der geringste Zufall hätte ihn in die Hände seiner Arbeiter geliefert. Und die Statue mußte überlebensgroß sein, damit das Skelett gut bedeckt war.«

»Mr. Varden hat Sie, ohne es zu wollen, irregeführt, Armstrong«, sagte eine ruhige, heisere Stimme plötzlich aus der Dunkelheit hinter Vardens Stuhl. »Die Figur war nicht aus Silber, sondern galvanisch versilbert auf einer direkt auf den Körper aufgetragenen Kupferbasis. Die Dame war also plattiert. Ich nehme an, daß ihre Weichteile durch Pepsin oder ein ähnliches Präparat aufgelöst worden sind, nachdem die Geschichte fertig war, aber ich kann es nicht mit Sicherheit behaupten.«

»Hallo, Wimsey«, rief Armstrong. »Waren Sie das, der gerade hereingekommen ist? Und woher diese zuversichtliche Erklärung?«

Wimseys Stimme hatte eine außerordentliche Wirkung auf Varden ausgeübt. Er schnellte aus dem Sessel und drehte die Lampe so, daß das Licht auf Wimseys Gesicht fiel.

»Guten Abend, Mr. Varden«, ertönte Lord Peters Stimme. »Es freut mich ungemein, Sie hier wiederzutreffen und Sie wegen meines nicht zeremoniellen Benehmens anläßlich unserer letzten Begegnung um Entschuldigung bitten zu können.«

Varden nahm die dargebotene Hand, war aber völlig sprachlos.

»Wollen Sie etwa sagen, Sie verrückter Geheimniskrämer, daß *Sie* Vardens Großer Unbekannter waren?« wollte Bayes wissen. »Na ja«, fügte er unhöflich hinzu, »aus seiner lebhaften Beschreibung hätten wir's ja erraten müssen.«

»Da Sie nun einmal hier sind«, erklärte Smith-Hartington, der Journalist von der Zeitung *The Morning Yell*, »sollten Sie eigentlich mit dem Rest der Geschichte herausrücken.«

»War es etwa nur ein Scherz?« fragte Judson.

»Selbstverständlich nicht«, unterbrach Pettifer, ehe Lord Peter Zeit hatte zu antworten. »Warum denn auch? Wimsey hat genug Merkwürdiges gesehen und brauchte seine Zeit nicht damit zu verschwenden, es zu erfinden.«

»Da haben Sie ein wahres Wort gesprochen«, meinte Bayes. »Das kommt davon, wenn man ein gutes Kombinationsvermögen besitzt und immer seine Nase in Angelegenheiten steckt, die man am besten in Ruhe ließe.«

»Das ist alles sehr schön und gut, Bayes«, sagte seine Lordschaft, »aber wenn ich an jenem Abend nicht mit Mr. Varden gesprochen hätte, wo wäre er wohl jetzt?«

»Ja, wo? Das wollen wir gerade wissen«, verlangte Smith-Hartington. »Nun mal los, Wimsey, hier wird sich nicht gedrückt. Wir müssen die Geschichte hören.«

»Und die ganze Geschichte«, fügte Pettifer hinzu.

»Und nichts als die Geschichte«, erklärte Armstrong energisch und nahm Lord Peter mit einer geschickten Bewegung Whiskyflasche und Zigarren vor der Nase weg. »Also ran an den Speck, alter Knabe. Keinen Zug sollst du paffen, keinen Schluck sollst du trinken, bis die Geschichte zu Ende ist.«

»Scheusal!« jammerte seine Lordschaft. »Tatsächlich«, fuhr er mit veränderter Stimme fort, ist es keine Geschichte, die ich an die große Glocke hängen möchte. Sie könnte mich nämlich in eine sehr unangenehme Situation bringen – Totschlag wahrscheinlich, vielleicht sogar Mord.«

»Mein Gott!« sagte Bayes.

»Sie dürfen ganz beruhigt sein«, versicherte ihm Armstrong, »niemand wird darüber reden. Wir können es uns nämlich nicht leisten, Sie aus dem Klub zu verlieren. Smith-Hartington muß eben seine Schreibsucht bezähmen.«

Nachdem ihm von allen Seiten Verschwiegenheit zugesichert worden war, lehnte sich Lord Peter zurück und begann seine Erzählung.

»Die Geschichte von Eric P. Loder ist wieder einmal ein Beispiel für die seltsame Weise, in der eine Macht, die über unseren kleinlichen Plänen steht, die menschlichen Angelegenheiten regelt. Nennen Sie sie Vorsehung – nennen Sie sie Schicksal –«

»Wir nennen sie gar nicht«, erklärte Bayes. »Den Teil können Sie unter den Tisch fallen lassen.«

Lord Peter stöhnte und begann von neuem.

»Meine Neugierde in dieser Angelegenheit wurde zuerst durch eine zufällige Bemerkung geweckt, die ein Beamter im New Yorker Auswanderungsbüro machte, als ich dort gerade etwas zu tun hatte. Er fragte: ›Was in aller Welt will Eric Loder denn nur in Australien anfangen? Man sollte meinen, Europa würde ihn mehr reizen.‹

›Australien?‹ sagte ich erstaunt. ›Sie träumen wohl, alter Junge. Er hat mir vor kurzem noch erzählt, daß er in drei Wochen nach Italien fahre.‹

›Italien – Unsinn‹, entgegnete er. ›Er war gerade heute noch hier und hat sich erkundigt, wie man nach Sydney komme und was für Formalitäten zu erfüllen seien.‹

›Aha‹, sagte ich. ›Da nimmt er wohl die pazifische Route und macht unterwegs in Sydney halt.‹ Aber ich wunderte mich darüber, daß er nichts davon erwähnt hatte, als wir uns am Tag zuvor trafen. Er hatte klipp und klar gesagt, daß er nach Europa reisen würde, zunächst nach Paris und dann nach Rom.

Ich war so furchtbar neugierig, daß ich Loder zwei Abende später aufsuchte.

Er schien sich über meinen Besuch zu freuen und war ganz erfüllt von seiner bevorstehenden Reise. Ich erkundigte mich noch mal nach seiner Route, und er erklärte ganz deutlich, daß er über Paris fahren werde.

Na schön, es ging mich ja auch gar nichts an, und wir plauderten über andere Dinge. Er erzählte mir, daß Mr. Varden vor seiner Abreise bei ihm wohnen würde und daß er hoffe, ihn dazu zu bewegen, ihm für eine Skulptur zu sitzen. Er habe noch nie einen Mann mit einer so vollendeten Figur gesehen. ›Ich wollte ihn schon früher dazu überreden‹, fügte er hinzu, ›aber da brach der Krieg aus, und Varden trat ins Heer ein, bevor ich mit der Arbeit beginnen konnte.‹

Er rekelte sich dabei auf dieser scheußlichen Couch herum, und als ich ihn zufällig ansah, entdeckte ich in seinen Augen ein so widerliches Glitzern, daß ich einen ziemlichen Schrekken bekam. Er streichelte den Hals der Figur und grinste sie an.

›Hoffentlich wird es nicht wieder so eine plattierte Statue‹, bemerkte ich.

›Nanu‹, entgegnete er, ›ich habe schon daran gedacht, hierzu eine Art Pendant zu machen. *Der schlafende Athlet*, wissen Sie, oder dergleichen.‹

›Es wäre viel besser, sie gießen zu lassen‹, riet ich ihm. ›Warum haben Sie überhaupt das Zeug so dick aufgetragen! Dadurch gehen die feinen Einzelheiten verloren.‹

Das ärgerte ihn. An diesem Kunstwerk konnte er keinerlei Kritik vertragen.

›Das war nur ein Experiment‹, erklärte er. ›Die nächste Statue wird ein regelrechtes Meisterwerk. Das sollen Sie sehen.‹

Soweit waren wir gekommen, als der Butler eintrat und fragte, ob er ein Bett für mich zurechtmachen solle, da das Wetter so schlecht sei. Uns war das weiter nicht aufgefallen, obgleich es bei meiner Abfahrt von New York schon etwas drohend ausgesehen hatte. Jetzt blickten wir jedoch aus dem Fenster und sahen, daß es in Strömen goß. Das hätte mir nichts ausgemacht, wenn ich nicht ohne Mantel in einem kleinen, offenen Rennwagen hergekommen wäre. Aber die Aussicht, fünf Meilen in dem Platzregen zu fahren, war nicht allzu verlockend. Loder drängte mich zu bleiben, und ich willigte ein.

Ich war ziemlich abgekämpft und ging daher sofort zu Bett. Loder erklärte, er wolle erst noch etwas in seinem Atelier arbeiten, und ich sah, wie er den Korridor hinunterging.

Sie gestatten mir ja nicht, das Wort ›Vorsehung‹ in den Mund zu nehmen. Ich will daher nur sagen, daß es ein sehr bemerkenswerter Zufall war, daß ich um zwei Uhr morgens aufwachte und in einer Wasserlache schwamm. Der Butler hatte mir eine Wärmflasche ins Bett gesteckt, da es lange nicht benutzt worden war, und das garstige Ding hatte sich entstöpselt. Zehn Minuten lag ich in feuchter Misere da, bevor ich genügend Energie aufbrachte, um der Sache auf den Grund zu gehen. Dann entdeckte ich, daß die Situation hoffnungslos war – Bettücher, Decken, Matratzen, alles klatschnaß. Während ich mir den Sessel ansah, kam mir eine glänzende Idee. Ich erinnerte mich an den wunderbaren, breiten Diwan im Atelier, auf dem ein großes Fell und viele weiche Kissen lagen. Warum sollte ich den Rest der Nacht nicht dort verbringen? Ich nahm meine kleine elektrische Taschenlampe und marschierte los.

Im Atelier war niemand. Ich nahm also an, daß Loder seine Arbeit beendet hatte und zu Bett gegangen war. Da stand denn auch mein Diwan, halb versteckt hinter einem Paravent. Ich wickelte mich in das Fell und schickte mich an, wieder einzuschlafen.

Gerade, als ich so recht schön müde war, hörte ich Schritte, nicht im Gang, sondern offenbar auf der anderen Seite des Raumes. Ich war überrascht, da ich nicht wußte, daß sich in der Richtung ein Ausgang befand. Ich lag mucksmäuschenstill, und bald darauf erschien ein Lichtstreifen an dem Schrank, in dem Loder seine Werkzeuge aufbewahrte. Der Streifen wurde breiter, und siehe da! Loder erschien mit einer Taschenlampe in der Hand. Er machte die Schranktür sehr leise hinter sich zu und tapste durch das Atelier. Er blieb vor der Staffelei stehen und nahm die Hülle ab. Ich konnte ihn durch einen Spalt im Paravent beobachten. Einige Minuten lang betrachtete er eine Skizze auf der Staffelei, und dann stieß er ein so garstiges, girrendes Lachen aus, wie ich es nie zuvor gehört habe. Wenn ich auch vorher ernsthaft daran gedacht hatte, meine unbefugte Gegenwart zu proklamieren, so gab ich in diesem Moment die Idee völlig auf. Bald darauf verhüllte er die Staffelei wieder und ging durch die Tür hinaus, durch die ich hereingekommen war.

Ich wartete, bis seine Schritte verhallt waren, und stand dann auf – ungemein ruhig, kann ich Ihnen versichern. Auf Zehenspitzen schlich ich zur Staffelei, um mir das faszinierende Kunstwerk anzusehen. Ich sah sofort, daß es der Entwurf für die Gestalt des *Schlafenden Athleten* war. Während ich die Skizze so betrachtete, spürte ich, wie sich eine gräßliche Überzeugung bei mir einschlich. Es war eine Idee, die offenbar von meinem Magen ihren Ausgang nahm und sich langsam bis zu meinen Haarwurzeln emporarbeitete.

Meine Familie behauptet, ich sei zu neugierig. Ich kann nur sagen, daß keine wilden Pferde mich von der Untersuchung jenes Schrankes hätten abhalten können. Mit dem Gefühl, daß mir etwas ganz Abscheuliches ins Gesicht springen würde, faßte ich heroisch den Türknauf an.

Zu meinem Erstaunen war das Ding überhaupt nicht verschlossen. Die Tür öffnete sich sofort und enthüllte eine Reihe Fächer, auf denen Loder unmöglich Platz gefunden haben konnte. Es kochte allmählich in mir, wie Sie sich denken können, und so suchte ich nach dem Federschloß, das unbedingt vorhanden sein mußte. Ich fand es auch ohne große Schwierigkeiten. Die Rückwand des Schrankes drehte sich geräuschlos nach innen, und ich stand oben an einer engen Treppe.

Ich war so schlau und vergewisserte mich erst, ob sich die Tür auch von innen öffnen ließ, ehe ich einen Schritt weiterging. Ferner nahm ich mir eine recht stabile Mörserkeule aus einem Fach, um im Notfall eine Waffe zu haben. Dann schloß ich die Tür und tänzelte mit elfenhafter Leichtigkeit die Treppe hinab.

Am Ende der Treppe war noch eine Tür, deren Geheimmechanismus ich sehr bald ergründete. In großer Erregung stieß ich sie mutig auf und umklammerte dabei angriffsbereit meine Mörserkeule.

Der Raum schien jedoch leer zu sein. Im Schein meiner Taschenlampe glänzte etwas Flüssiges, und dann fand ich den Lichtschalter.

Vor mir lag ein ziemlich großer, viereckiger Raum, der als Werkstatt eingerichtet war. Auf der Wand zu meiner Rechten befand sich ein großes Schaltbrett mit einer Bank darunter. In der Mitte der Decke hing ein riesiger Scheinwerfer, der eine über zwei Meter lange und ein Meter breite Glaswanne beleuchtete. Diese Wanne war mit einer dunkelbraunen Flüssigkeit angefüllt, die ich als das übliche Gemisch von Zyanid und Kupfersulfat erkannte, das beim Verkupfern gebraucht wird.

Die Stangen hingen mit leeren Haken darüber. Aber an einer Seite des Raumes stand eine halbgeöffnete Packkiste. Als ich den Deckel zur Seite schob, konnte ich Reihen von Kupferanoden sehen – genug, um einen über sechs Millimeter dicken Überzug für eine lebensgroße Figur zu machen. Daneben stand eine kleinere, noch zugenagelte Kiste, die ihrem Gewicht und Aussehen nach das Silber für den weiteren Prozeß enthielt. Ich suchte noch etwas und fand es auch bald – eine beträchtliche Menge von präpariertem Graphit und einen großen Behälter mit Firnis.

Natürlich war kein eigentlicher Beweis für eine Schurkerei vorhanden. Es stand Loder selbstverständlich frei, einen Gipsabguß zu machen und diesen zu versilbern, falls es ihn danach gelüstete. Aber dann entdeckte ich etwas, das nicht rechtmäßig dorthin gekommen sein konnte.

Auf der Bank lag eine ovale Kupferplatte, die nicht ganz vier Zentimeter lang war und wahrscheinlich Loders nächtliche Arbeit darstellte. Es war ein Klischee des amerikanischen Konsulatssiegels, mit dem man Ihr Paßbild stempelt, damit Sie es nicht abreißen und statt dessen das Bild ihres Freundes Mr. Jiggs einkleben, der gern das Land verlassen möchte, weil er bei Scotland Yard so beliebt ist.

Ich setzte mich auf Loders Schemel und arbeitete dieses nette kleine Komplott in allen Einzelheiten aus. Das Ganze hing von drei Punkten ab. Erstens mußte ich ausfindig machen, ob Varden vorhatte, in Kürze nach Australien zu gondeln. Wenn er nicht die Absicht hatte, wurden alle meine schönen Theorien über den Haufen geworfen. Zweitens würde es gut passen, wenn er zufällig dunkles Haar wie Loder hätte, was ja, wie Sie sehen, der Fall ist – jedenfalls dunkel genug, um der Paßbeschreibung zu genügen. Ich hatte ihn nur in dem Apollo-Belvedere-Film gesehen, wo er eine blonde Perücke trug. Und drittens mußte ich natürlich zu entdecken versuchen, ob Loder einen berechtigten Groll gegen Varden hegte.

Na, es kam mir zum Bewußtsein, daß ich mich da unten in dem Raum länger aufgehalten hatte, als meiner Gesundheit zuträglich sein mochte. Loder konnte jeden Augenblick zurückkommen, und die Wanne voll Kupfersulfat und Zyanid war ein höchst bequemes Mittel, um einen allzu neugierigen Gast loszuwerden. Ich kann nicht behaupten, daß ich ein großes Verlangen spürte, Loders Wohnung möblieren zu helfen. Ich habe nie Sachen gemocht, die etwas darstellen, was sie nicht sind – Bände von Dickens, die sich als Keksdosen entpuppen, und ähnliche Kniffe. Und wenn ich auch kein überwältigendes Interesse an meinem eigenen Begräbnis habe, so soll es doch einigermaßen geschmackvoll sein. Ich wischte also etwa hinterlassene Fingerabdrücke ab, kehrte ins Atelier zurück und brachte den Diwan in Ordnung. Ich hatte nicht das Gefühl, daß Loder von meinem Besuch da unten begeistert gewesen wäre.

Da war allerdings noch etwas, das meine Neugierde erregte. Ich schlich auf Zehenspitzen zurück über den Flur und in das Rauchzimmer. Die Silbercouch schimmerte im Schein meiner Taschenlampe. Ich verabscheute sie fünfzigmal mehr als vorher. Aber ich nahm mich zusammen und warf einen sorgfältigen Blick auf die Füße der Figur. Ich hatte genug von Maria Moranos zweiter Zehe gehört.

Den Rest der Nacht verbrachte ich in meinem Sessel.

Ich war dann mit diesem und jenem so sehr beschäftigt, daß ich meine Einmischung in Loders kleine Intrigen ziemlich lange aufschieben mußte. Ich entdeckte, daß Varden einige Monate, bevor die schöne Maria Morano verschwand, Loders Gast gewesen war. Leider bin ich in dieser Beziehung ziemlich blöde gewesen. Ich dachte, es sei tatsächlich etwas vorgefallen.«

»Sie brauchen sich nicht zu entschuldigen«, sagte Varden lächelnd. »Filmschauspieler stehen ja bekanntlich in dem Ruf, unmoralisch zu sein.«

»Warum insistieren Sie?« fragte Wimsey, ein wenig verletzt. »Ich bat Sie doch bereits um Verzeihung. Jedenfalls kommt es, was Loder angeht, auf dasselbe heraus. Ein Beweismittel mußte ich mir allerdings noch verschaffen, um absolut sicher zu sein. Das Versilbern – besonders eine so heikle Arbeit, wie sie mir vorschwebte – war kein Unternehmen, das man in einer Nacht vollenden konnte. Andererseits erschien es notwendig, daß Varden bis zum Tag seiner geplanten Abreise lebend in New York gesehen wurde. Auch war es klar, daß Loder die Absicht hatte, beweisen zu können, daß ein Mr. Varden planmäßig aus New York abgefahren und tatsächlich in Sydney angekommen war. Daher sollte ein falscher Mr. Varden mit Vardens Papieren und Vardens Reisepaß, der mit einer neuen, ordnungsgemäß abgestempelten Fotografie ausgestattet war, abfahren und in aller Stille in Sydney verschwinden, um als Mr. Eric Loder wieder aufzutauchen, der mit einem ganz regulären eigenen Paß reiste. Nun, es lag ganz klar auf der Hand, daß in diesem Falle ein Kabel an die Mystofilms Ltd. abgesandt werden mußte mit der Nachricht, daß Varden später als vereinbart eintreffen würde. Dieses ausfindig zu machen überließ ich meinem Diener Bunter, der ungewöhnlich tüchtig ist. Fast drei Wochen lang beschattete der treue Bursche Mr. Loder ständig, und zu guter Letzt, gerade an dem Tag von Mr. Vardens offizieller Abreise, wurde das Kabel von einem Telegrafenamt am Broadway abgeschickt, wo sie dank einer gütigen Vorsehung (wieder einmal!) außerordentlich harte Bleistifte im Gebrauch haben.«

»Wahrhaftig!« rief Varden. »Es fällt mir jetzt ein, daß man bei meiner Ankunft von einem Kabel redete, aber ich habe es nie mit Loder in Verbindung gebracht. Ich hielt es für ein Versehen vom Telegrafenamt.«

»Ganz recht. Na, sobald ich das zu hören bekam, sauste ich zu Loder, in der einen Tasche einen Dietrich, in der anderen einen Revolver. Der gute Bunter begleitete mich und hatte Anweisungen, die Polizei zu benachrichtigen, falls ich nicht nach einer bestimmten Zeit wieder erschien. Alles war also ziemlich gesichert, wie Sie sehen. Bunter war der Chauffeur, der auf Sie wartete, Mr. Varden, aber Sie wurden plötzlich mißtrauisch – und ich kann es Ihnen nicht verübeln –, und so blieb uns nichts anderes übrig, als Ihr Gepäck zum Zug zu schicken.

Auf dem Wege zu Loder begegneten wir den Loderschen Dienstboten, die im Auto nach New York fuhren. Ein neuer Beweis, daß wir auf der richtigen Spur waren. Außerdem vereinfachte es meine Aufgabe.

Über mein Interview mit Varden wissen Sie Bescheid. Ich könnte es bestimmt nicht besser erzählen. Nachdem ich Varden und seine Siebensachen in Sicherheit gebracht hatte, ging ich zum Atelier. Es war leer. Also öffnete ich die Geheimtür und sah, wie ich erwartet hatte, einen Lichtschein unter der Tür der Werkstatt.«

»Dann war Loder also die ganze Zeit über im Haus?«

»Natürlich. Ich nahm meine kleine Knallbüchse fest in die Faust und öffnete sehr leise die Tür. Loder stand zwischen dem Tank und der Schalttafel, schwer beschäftigt – so beschäftigt, daß er mich nicht hereinkommen hörte. Seine Hände waren von Graphit geschwärzt, von dem ein großer Haufen auf einem Bogen Papier am Boden ausgebreitet lag, und er hantierte emsig mit einer langen, federnden Rolle Kupferdraht, der mit dem Transformator verbunden war. Die große Packkiste war offen, und alle Haken waren in Gebrauch.

›Loder!‹ rief ich.

Er drehte sich um. Sein Gesicht war verzerrt. ›Wimsey!‹ schrie er. ›Zum Teufel noch mal, was tun Sie denn hier?‹

›Ich bin gekommen‹ erwiderte ich, ›um Ihnen zu sagen, daß ich weiß, wie der Apfel in den Kloß kommt.‹ Damit zeigte ich ihm die Pistole.

Er schrie laut auf, stürzte sich auf das Schaltbrett und drehte das Licht aus, damit ich nicht zielen konnte. Ich hörte, wie er auf mich zusprang – dann ein Krachen aus der Dunkelheit und ein Platschen – und ein Schrei, wie ich ihn noch nie gehört habe, selbst nicht in den fünf Jahren des Krieges, und auch niemals wieder hören möchte.

Ich tastete mich zum Schaltbrett. Natürlich drehte ich erst alle anderen Schalter an, ehe meine Hand den richtigen fand, aber schließlich hatte ich ihn – und ein grelles Licht strömte aus der Scheinwerferlampe über der Wanne.

Er lag darin, und seine Glieder zuckten nur noch schwach. Zyanid ist nämlich das schnellste und schmerzhafteste Mittel, um ins Jenseits zu kommen. Bevor ich irgend etwas tun konnte, wußte ich, daß er tot war – vergiftet, ertrunken und tot. Die Drahtrolle, über die er gestolpert war, hatte er mit in die Wanne gezogen. Gedankenlos faßte ich sie an und bekam einen Schlag, der mich beinahe umwarf. Dann wurde mir klar, daß ich den Strom angedreht haben mußte, als ich nach dem Lichtschalter suchte. Ich blickte noch einmal in die Wanne. Als er fiel, hatten sich seine sterbenden Hände an den Draht geklammert. Dieser hatte sich eng um seine Finger gewickelt, und der Strom lagerte vorschriftsmäßig einen Kupferüberzug auf seinen von Graphit geschwärzten Händen ab.

Ich war gerade schlau genug, um mir klarzumachen, daß ich in einer Patsche saß, wenn diese Geschichte herauskam; denn ich hatte ihn ja mit einer Pistole bedroht.

Ich suchte nach einem Lötkolben, den ich schließlich auch fand. Dann ging ich nach oben und rief Bunter ins Haus, der seine zehn Meilen in Rekordgeschwindigkeit zurückgelegt hatte. Wir gingen ins Rauchzimmer und löteten den Arm der verfluchten Figur wieder an, so gut wir es vermochten, und brachten dann alles zurück in die Werkstatt. Wir wischten alle Fingerabdrücke fort und entfernten jede Spur unserer Gegenwart. Das Licht und die Schalttafel ließen wir so und kehrten auf großen Umwegen nach New York zurück. Das einzige, was wir mitnahmen, war das Faksimile des Konsulatsstempels, und das warfen wir in den Fluß.

Loder wurde am nächsten Morgen von dem Butler gefunden. In den Zeitungen lasen wir, daß er bei einem Versilberungsversuch in die Wanne gefallen sei. Es wurde noch die gräßliche Tatsache erwähnt, daß die Hände des Toten dick mit Kupfer überzogen waren. Da man diesen Überzug nicht ohne pietätlose Gewalt entfernen konnte, wurde er damit begraben.

Damit ist die Geschichte zu Ende. Bitte, Armstrong, darf ich nun meinen Whisky Soda haben?«

»Was ist aus der Couch geworden?« erkundigte sich Smith-Hartington nach einer Weile.

»Die habe ich erstanden, als Loders Sachen verkauft wurden«, entgegnete Wimsey. »Dann habe ich mir einen guten alten katholischen Priester, den ich kannte, geholt und ihm die ganze Geschichte unter strengster Schweigepflicht erzählt. Er war ein sehr vernünftiger und teilnahmsvoller Kauz, und in einer Mondnacht schafften Bunter und ich das Ding im Wagen zu seiner eigenen kleinen Kirche, die ein paar hundert Meilen außerhalb der Stadt lag. Dort ließen wir ihr in einer Ecke des Friedhofs ein christliches Begräbnis zuteil werden. Das schien uns die beste Lösung zu sein.«

Ganz woanders

Lord Peter Wimsey, Oberinspektor Parker vom CID und Inspektor Henley von der Baldocker Polizei saßen zusammen in der Bibliothek des Hauses The Lilacs.

»Du siehst also«, sagte Parker, »daß die Hauptverdächtigen zu der Zeit ganz woanders waren.«

»Was verstehst du darunter?« wollte Wimsey wissen. Er war in gereizter Stimmung, da Parker ihn ohne Frühstück hier nach Wapley geschleppt hatte. »Meinst du damit, daß sie den Mordschauplatz nicht erreichen konnten, ohne über hundertsechsundachtzigtausend Meilen pro Sekunde zu fahren? Wenn nicht, waren sie nicht ganz woanders, sondern nur relativ und scheinbar woanders.«

»Um Himmels willen, verschone uns mit deiner Wortklauberei. Jedenfalls waren sie nicht hier. Und nun, Inspektor, lassen wir sie am besten einzeln eintreten, damit ich mir ihre Aussagen noch einmal anhören kann. Zunächst den Butler.«

Der Inspektor steckte den Kopf zur Tür hinaus und rief: »Hamworthy!«

Der Butler war ein Mann mittleren Alters mit einem beachtenswerten Embonpoint. Sein breites Gesicht war blaß und gedunsen, und er sah angegriffen aus. Er legte jedoch ohne Zaudern los.

»Zwanzig Jahre habe ich in den Diensten des verstorbenen Mr. Grimbold gestanden, und er war für mich stets ein guter Gebieter, zwar streng, aber gerecht. Ich weiß, daß er als ein harter Geschäftsmann galt. Er war Junggeselle, aber er hat seine beiden Neffen, Mr. Harcourt und Mr. Neville, aufgezogen und war sehr gut zu ihnen. In seinem Privatleben würde ich ihn als freundlichen, rücksichtsvollen Mann bezeichnen. Sein Beruf? Nun ja, man könnte ihn wohl einen Geldverleiher nennen.

Die Vorgänge der letzten Nacht, Sir? Wie üblich verschloß

ich das Haus um halb acht – Mr. Grimbold legte großen Wert auf Pünktlichkeit und Ordnung. Ich schloß alle Fenster im Erdgeschoß, die sämtlich diebessichere Schließhaken haben. Auch verriegelte ich die Haustür und legte die Kette vor.«

»Und die Tür zum Wintergarten?«

»Die hat ein Schnappschloß, Sir. Ich habe wohl darauf geachtet, daß die Tür geschlossen war, aber nicht den Sicherheitshebel herabgedrückt. Das war Usus, Sir, für den Fall, daß Mr. Grimbold länger durch Geschäfte in der Stadt aufgehalten wurde. Dann konnte er herein, ohne jemanden zu stören.«

»Gestern abend hatte er doch keine Geschäfte in der Stadt, wie?«

»Nein, Sir, aber das Schloß blieb immer so. Ohne Schlüssel konnte niemand herein, und den trug Mr. Grimbold an seinem Bund.«

»Existiert kein zweiter Schlüssel?«

»Ich glaube, Sir –«, der Butler hüstelte verlegen, »obgleich ich es nicht mit Sicherheit weiß, daß ein anderer im Besitz einer Dame ist, die augenblicklich in Paris weilt.«

»Aha. Mr. Grimbold war ungefähr sechzig Jahre alt, nicht wahr? Wie heißt diese Dame?«

»Mrs. Winter, Sir. Sie wohnt in Wapley, aber seit dem Tod ihres Gatten im letzten Monat hat sie, soweit ich unterrichtet bin, im Ausland gelebt.«

»Aha. Vielleicht notieren Sie das, Inspektor. Und wie steht's mit den oberen Räumen und der Hintertür?«

»Die Fenster in den oberen Räumen waren ebenfalls verriegelt, außer in den Schlafzimmern von Mr. Grimbold, der Köchin und mir. Aber ohne Leiter konnte niemand einsteigen, und die Leiter ist im Schuppen eingeschlossen.«

»Das stimmt«, mischte sich Inspektor Henley ein. »Wir haben das gestern abend nachgeprüft. Der Schuppen war verschlossen, und außerdem hingen Spinngewebe zwischen der Leiter und der Wand. Die Schlösser an Türen und Fenstern waren ebenfalls in Ordnung. Weiter, Hamworthy.«

»Ja, Sir. Während ich durchs Haus ging, kam Mr. Grimbold nach unten in die Bibliothek, um sein Glas Sherry zu trinken. Um Viertel vor acht wurde die Suppe aufgetragen, und ich rief Mr. Grimbold zum Essen. Er saß, wie immer, am Ende der Tafel, gegenüber der Durchreiche.«

»Mit dem Rücken zur Bibliothekstür«, sagte Parker und machte ein Zeichen auf dem grob skizzierten Zimmerplan, der vor ihm lag. »War die Tür geschlossen?«

»Ja, Sir. Sämtliche Türen und Fenster waren geschlossen.«

»Anscheinend ein sehr zugiger Raum«, bemerkte Wimsey. »Zwei Türen und eine Durchreiche und zwei lange Glastüren zur Terrasse.«

»Jawohl, Mylord. Aber sie schließen alle sehr gut, und die Vorhänge waren zugezogen.«

Seine Lordschaft ging auf die Verbindungstür zu und öffnete sie.

»Ja«, meinte er, »eine gute, schwere Tür, die sich unheimlich leise in den Angeln bewegt. Diese dicken Teppiche gefallen mir, nur das Muster ist ein bißchen laut.« Er schloß die Tür geräuschlos und kehrte an seinen Platz zurück.

»Mr. Grimbold brauchte gewöhnlich fünf Minuten, um seine Suppe zu essen. Als er fertig war, servierte ich den Fisch. Ich brauchte den Raum nicht zu verlassen, da alles durchgereicht wurde. Der Wein für den ersten Gang stand schon auf dem Tisch. Dieser Gang bestand nur aus einer kleinen Portion Steinbutt, und Mr. Grimbold war auch hiermit in etwa fünf Minuten fertig. Dann brachte ich den Fasanenbraten und wollte Mr. Grimbold gerade das Gemüse servieren, als das Telefon klingelte. Mr. Grimbold sagte: ›Gehen Sie nur hin, ich bediene mich schon selbst.‹ Es war natürlich nicht Sache der Köchin, das Telefon abzunehmen.«

»Gibt es keine anderen Dienstboten?«

»Nur die Putzfrau, die tagsüber kommt, Sir. Ich ging also an den Apparat und machte die Tür hinter mir zu.«

»War es dieser Apparat oder der in der Diele?«

»Der in der Diele. Den benutze ich immer, außer ich bin gerade in der Bibliothek, wenn es klingelt. Der Anruf kam von Mr. Neville aus London, Sir. Er und Mr. Harcourt bewohnen eine Etage in der Jermyn Street. Mr. Neville, dessen Stimme ich erkannte, sagte: ›Sind Sie es, Hamworthy? Einen Augenblick. Mr. Harcourt möchte mit Ihnen sprechen.‹ Er legte den Hörer hin, und dann kam Mr. Harcourt. Er sagte: ›Hamworthy, ich möchte heute abend hinüberkommen, um mit meinem Onkel zu sprechen, wenn er zu Hause ist.‹ Ich erwiderte: ›Ja, Sir, ich will es ausrichten.‹ Die jungen Herren kamen oft für ein paar Nächte hierher, Sir, und wir halten ihre Zimmer stets bereit. Mr. Harcourt sagte, er werde sofort aufbrechen und gegen halb zehn hier sein. Während er sprach, hörte ich die große Standuhr in ihrer Wohnung acht schlagen. Unmittelbar darauf schlug unsere Uhr in der Diele, und dann hörte ich, wie das Amt sagte: ›Drei Minuten.‹ Also muß der Anruf drei Minuten vor acht gekommen sein, Sir.«

»Dann besteht also kein Zweifel hinsichtlich der Zeit. Wenigstens ein Trost. Was geschah dann, Hamworthy?«

»Mr. Harcourt verlangte weitere drei Minuten, weil Mr. Neville noch etwas zu sagen habe, und dann war Mr. Neville wieder am Apparat. Er teilte mir mit, daß er bald nach Schottland fahre, und bat mich, einen Anzug, Strümpfe und Hemden zu senden, die er hier zurückgelassen hatte. Der Anzug sollte zuerst in die Reinigungsanstalt geschickt werden, und da er mir noch mehr Instruktionen erteilte, verlangte er weitere drei Minuten. Das war also um 8 Uhr 03, Sir. Und etwa eine Minute später, während er noch sprach, klingelte die Haustürglocke. Da ich nicht vom Telefon fortgehen konnte, mußte der Besucher warten, und fünf Minuten nach acht ertönte die Glocke abermals. Ich wollte Mr. Neville gerade bitten, mich zu entschuldigen, als ich die Köchin zur Haustür gehen sah. Mr. Neville bat mich, die Instruktionen zu wiederholen, und dann unterbrach uns das Amt wieder. Also beendete er das Gespräch, und als ich mich umdrehte, sah ich, wie die Köchin gerade die Tür zur Bibliothek schloß. Ich ging ihr entgegen, und sie sagte zu mir: ›Dieser Mr. Payne will wieder mal mit Mr. Grimbold sprechen. Ich habe ihn in die Bibliothek geführt, aber mir gefällt seine drohende Miene nicht.‹ Ich erwiderte: ›Ich werde ihn mir schon vornehmen‹, und die Köchin ging wieder in die Küche.«

»Einen Augenblick«, warf Parker ein. »Wer ist Mr. Payne?«

»Einer von Mr. Grimbolds Klienten, Sir. Er wohnt etwa fünf Minuten von hier entfernt und hat schon öfters Scherereien gemacht. Ich glaube, er schuldet Mr. Grimbold Geld und wünschte einen Zahlungsaufschub.«

»Er wartet draußen in der Diele«, fügte Henley hinzu.

»Ach?« sagte Wimsey. »Der unrasierte Bursche mit dem finsteren Gesicht, dem Eschenstock und dem blutbefleckten Rock?«

»Ganz richtig, Mylord«, bestätigte der Butler und wandte sich wieder an Parker. »Nun, Sir, ich wollte gerade in die Bibliothek gehen, als mir plötzlich einfiel, daß ich noch nicht den Rotwein ins Eßzimmer gebracht hatte, und ich befürchtete, daß Mr. Grimbold ärgerlich sein würde. Also holte ich den Wein aus der Anrichte, wo ich ihn zum Anwärmen vor das Feuer gestellt hatte. Es dauerte nicht länger als eine Minute, Sir, bis ich wieder im Eßzimmer war. Und dann, Sir –«, die Stimme des Butlers begann zu zittern, »dann sah ich, daß Mr. Grimbold vornüber auf den Tisch gefallen war, direkt über seinen Teller. Ich dachte, ihm sei schlecht geworden, und eilte auf ihn zu. Da entdeckte ich, daß er... tot war, Sir, mit einer schrecklichen Wunde im Rücken.«

»Keine Waffe zu sehen?«

»Ich habe keine bemerkt, Sir. Die Wunde hatte stark geblutet. Ich wurde fast ohnmächtig und war zunächst völlig ratlos. Dann stürzte ich an die Durchreiche und rief nach der Köchin. Sie kam sofort und stieß einen fürchterlichen Schrei aus, als sie unseren Herrn sah. Dann erinnerte ich mich an Mr. Payne und öffnete die Tür zur Bibliothek. Er erkundigte sich sogleich, wie lange er noch warten müsse. Ich erwiderte: ›Etwas Entsetzliches ist geschehen! Mr. Grimbold ist ermordet worden!‹ Er drängte sich an mir vorbei ins Eßzimmer und fragte als erstes: ›Sind die Glastüren offen?‹ Er zog den Vorhang der Glastür, die der Bibliothek am nächsten ist, zurück, und sie stand tatsächlich offen. ›Auf diese Weise ist er entkommen‹, rief er und wollte hinauseilen. Ich sagte: ›Halt, bleiben Sie hier‹, weil ich glaubte, er wolle entfliehen, und hielt ihn fest. Er schimpfte und fluchte, und dann sagte er: ›Mein guter Mann, nehmen Sie Vernunft an. Der Kerl gewinnt ja einen zu großen Vorsprung. Man muß hinter ihm her!‹ Ich erwiderte: ›Nicht ohne mich‹, und er willigte ein. So gebot ich der Köchin, nichts anzurühren, sondern die Polizei anzurufen, holte meine Taschenlampe aus der Anrichte und ging mit Mr. Payne hinaus.«

»War Mr.Payne dabei, als Sie die Taschenlampe holten?«

»Ja, Sir. Wir haben dann den ganzen Garten durchsucht, aber wir konnten keine Fußspuren oder sonst einen Anhalt finden, weil der Weg, der um das Haus herum und dann zum Tor führt, asphaltiert ist. Auch entdeckten wir keine Waffe. Mr. Payne schlug dann vor, den Wagen zu nehmen und die Straßen abzusuchen, aber ich hielt es für zwecklos, da es nur eine Viertelmeile von unserem Tor bis zur Great North Road ist, und es war schon zuviel Zeit vergangen. Mr. Payne sah das ein, und wir kehrten ins Haus zurück. Dann erschien der Polizist aus Wapley und nach einer Weile der Inspektor hier und Dr. Crofts aus Baldoch. Sie untersuchten alles und stellten viele Fragen, die ich nach bestem Wissen beantwortete, und mehr kann ich Ihnen wirklich nicht sagen, Sir.«

»Haben Sie bemerkt«, fragte Parker, »ob Mr. Payne Blutflecken am Anzug hatte?«

»Nein, Sir. Als ich ihn zuerst sah, stand er hier im hellen Licht, und ich hätte es bestimmt gesehen.«

»Könnte jemand von oben gekommen sein, während Sie bei Mr. Grimbold im Eßzimmer waren?«

»Das wäre durchaus möglich, Sir. Aber dann müßte der Betreffende vor halb acht ins Haus gelangt sein und sich irgendwo versteckt haben. Das ist natürlich nicht ausgeschlossen. Die Hintertreppe kann er nicht benutzt haben, denn er hätte an der Küche vorbeigehen müssen, wo der Flur mit Fliesen belegt ist und die Köchin ihn auf jeden Fall gehört hätte.

Aber die Vordertreppe – ja, ich weiß gar nicht, was ich dazu sagen soll.«

»So wird es schon gewesen sein«, meinte Parker. »Machen Sie sich nur keine Vorwürfe, Hamworthy. Man kann von Ihnen nicht erwarten, daß Sie jeden Abend alle Winkel und Ekken nach versteckten Verbrechern absuchen. Jetzt möchte ich mit den beiden Neffen sprechen. Sind sie gut mit ihrem Onkel ausgekommen?«

»Ja, sehr gut. Hatten nie Meinungsverschiedenheiten. Es war ein schwerer Schlag für sie, Sir. Sie waren ganz außer sich, als Mr. Grimbold im Sommer krank wurde –«

»Krank? Was fehlte ihm denn?«

»Herzgeschichten, Sir, im vergangenen Juli. Es ging ihm sehr schlecht, und wir mußten Mr. Neville kommen lassen. Aber danach hatte er sich wunderbar erholt, Sir, nur schien er seine gewohnte Heiterkeit eingebüßt zu haben. Vielleicht spürte er, daß er auch nicht mehr der jüngste war. Aber niemand hätte gedacht, daß er auf diese Weise umkommen würde.«

»Wem hat er sein Geld hinterlassen?« erkundigte sich Parker.

»Das weiß ich nicht, Sir. Vermutlich den beiden jungen Herren, obwohl sie selbst auch Vermögen besitzen. Aber darüber wird Ihnen Mr. Harcourt Auskunft geben können. Er ist der Testamentsvollstrecker.«

»Na schön, wir werden ihn fragen. Verstehen sich die Brüder gut?«

»O ja, Sir. Sie sind sich sehr zugetan. Mr. Neville würde alles für Mr. Harcourt tun – und Mr. Harcourt sicher auch für ihn. Sehr angenehme Herren, Sir. Könnten nicht netter sein.«

»Danke, Hamworthy. Das wäre im Augenblick alles. Oder hat sonst noch jemand etwas zu fragen?«

»Wieviel hat Mr. Grimbold von dem Fasan gegessen, Hamworthy?«

»Wenig, Mylord. Nach der Portion zu urteilen, die ich ihm aufgegeben habe, hat er vielleicht drei oder vier Minuten gebraucht.«

»Und nichts deutete darauf hin, daß er zum Beispiel von jemandem an der Glastür unterbrochen wurde, daß er vielleicht aufstehen mußte, um diese Person hereinzulassen?«

»Nichts, Mylord, soviel ich sehen konnte.«

»Der Stuhl war dicht an den Tisch geschoben, als ich ihn fand«, warf der Inspektor ein. »Seine Serviette lag auf seinen Knien, und Messer und Gabel lagen ihm unter den Händen, als hätte er sie fallen lassen, als der Stoß kam. Wie man mir sagte, war die Leiche nicht angerührt worden.«

»Nein, Sir, ich habe sie nicht bewegt – nur, um festzustellen, ob er tot war. Obgleich ich eigentlich nicht zweifeln konnte, als ich die schreckliche Wunde im Rücken sah. Ich habe nur den Kopf gehoben und wieder fallen lassen. Auf dieselbe Stelle, Sir.«

»Na schön, Hamworthy. Rufen Sie bitte Mr. Harcourt herein.«

Mr. Harcourt Grimbold war ein energischer Mann von etwa fünfunddreißig Jahren. Er erklärte, daß er Börsenmakler und sein Bruder Beamter im Gesundheitsministerium sei. Seit ihrem elften beziehungsweise zehnten Lebensjahr seien sie von ihrem Onkel großgezogen worden. Ihm sei bekannt, daß sein Onkel viele Geschäftsfeinde hatte, aber er selbst habe nur Güte von ihm erfahren.

»Ich fürchte, ich kann Ihnen nicht viel über diesen schrecklichen Vorfall sagen, da ich gestern abend erst um Viertel vor zehn hier ankam, und da war natürlich schon alles vorbei.«

»Das war etwas später, als Sie einzutreffen hofften, nicht wahr?«

»Ja, ein wenig. Das Rücklicht ging unterwegs aus, und ich wurde von einem Polizisten angehalten. Ich fuhr dann in eine Garage in Welwyn, wo man den Schaden reparierte, was natürlich einen Aufenthalt bedeutete.«

»Es sind ungefähr vierzig Meilen von hier nach London, ja?«

»Etwas mehr. Gewöhnlich rechne ich um diese Abendzeit eine Stunde und fünfzehn Minuten von Tür zu Tür. Ich bin kein Kilometerfresser.«

»Haben Sie den Wagen selbst gefahren?«

»Ja. Ich habe zwar einen Chauffeur, nehme ihn aber nicht immer mit.«

»Wann sind Sie von London abgefahren?«

»Gegen zwanzig nach acht, denke ich. Neville hat mir den Wagen aus der Garage geholt, während ich meine Zahnbürste und dergleichen einpackte.«

»Vor Ihrer Abfahrt wußten Sie also nichts von dem Tod Ihres Onkels?«

»Nein. Man hat erst nach meinem Aufbruch daran gedacht, bei mir anzurufen. Die Polizei versuchte später, Neville zu erreichen, aber er war in seinen Klub gegangen. Ich habe ihn dann von hier aus selbst angerufen, und er ist heute morgen gekommen.«

»Mr. Grimbold, können Sie uns etwas über die Angelegenheiten Ihres verstorbenen Onkels berichten?«

»Sie meinen wohl sein Testament. Die Erben sind ich, Neville und Mrs. Winter. Haben Sie schon von ihr gehört?«

»Etwas, ja.«

»Und dann bekommt der alte Hamworthy natürlich ein hübsches kleines Nestei, und die Köchin wird bedacht. Ferner erhält der Prokurist meines Onkels ein Vermächtnis von fünfhundert Pfund. Aber der Hauptbetrag fällt an uns und Mrs. Winter. Aber wieviel es ist, davon habe ich nicht die leiseste Ahnung. Ich weiß nur, daß es sich um eine ziemlich beträchtliche Summe handelt. Der alte Herr hat keiner Menschenseele verraten, wieviel er wert war, und wir haben uns nie darum gekümmert. Ich habe ein ziemlich gutes Einkommen, und Nevilles Gehalt stellt eine schwere Last für das langmütige Publikum dar. Daher hatten wir nur ein mildes akademisches Interesse an dieser Frage.«

»Hat Hamworthy wohl gewußt, daß er ein Legat erhalten sollte?«

»O ja. Das war kein Geheimnis. Er sollte lebenslang jährlich zweihundert Pfund bekommen, vorausgesetzt, daß er beim Tod meines Onkels noch in dessen Diensten stand.«

»Und er war nicht gekündigt, oder?«

»N-nein. Nein. Nicht anders als gewöhnlich. Mein Onkel kündigte nämlich allen ungefähr einmal im Monat, um das Beste aus ihnen herauszuholen. Aber es blieb immer nur bei der Drohung.«

»Aha. Darüber müssen wir noch mal mit Hamworthy sprechen. Nun zu dieser Mrs. Winter. Was wissen Sie über sie?«

»Sie ist eine nette Frau. Seit zig Jahren die Freundin meines Onkels. Aber ihr Mann hat praktisch seinen Verstand versoffen. Man kann es ihr daher nicht übelnehmen. Ich habe ihr heute morgen telegrafiert, und soeben ist ihre Antwort eingetroffen.«

Er reichte Parker ein aus Paris abgeschicktes Telegramm folgenden Wortlauts: »Äußerst betroffen und betrübt. Kehre sofort zurück. In tiefer Teilnahme, Lucy.«

»Sie stehen demnach in einem freundschaftlichen Verhältnis zu ihr?«

»Mein Gott, ja. Warum nicht? Sie hat uns immer sehr leid getan. Onkel William wäre am liebsten mit ihr woanders hingefahren, aber sie wollte Winter nicht verlassen. Jetzt, wo Winter endlich ins Gras gebissen hat, wollten sie eigentlich heiraten. Sie ist erst etwa achtunddreißig, und es ist Zeit, daß sie endlich etwas von ihrem Leben hat, die Ärmste.«

»Abgesehen von dem Geld, hatte sie also eigentlich nicht viel durch den Tod Ihres Onkels zu gewinnen, wie?«

»Gar nichts. Es sei denn, sie wollte einen jüngeren Mann heiraten und befürchtete, den Betrag zu verlieren. Aber ich glaube, sie war dem alten Knaben ehrlich zugetan. Jedenfalls kann sie ihn nicht ermordet haben, da sie in Paris ist.«

»Hm«, sagte Parker. »Das nehmen wir an. Aber wir vergewissern uns am besten. Ich werde beim Yard anrufen und in den Häfen nach ihr Ausschau halten lassen. Bekomme ich das Amt direkt über diesen Apparat? Oder muß ich mich in der Diele verbinden lassen?«

»Nein«, erwiderte der Inspektor, »Sie können auch von hier aus anrufen. Es sind Parallelanschlüsse.«

»Na schön, Mr. Grimbold, im Augenblick brauchen wir

Sie nicht weiter zu bemühen. Ich will jetzt telefonieren, und dann kann der nächste Zeuge erscheinen. Die Zeit von Mr. Harcourts Anruf aus London haben Sie ja wohl nachgeprüft, Inspektor.«

»Jawohl, Mr. Parker. Das Gespräch wurde um 19 Uhr 57 angemeldet und um zwanzig Uhr und 20 Uhr 03 erneuert. Eine ziemlich teure Angelegenheit. Wir haben auch mit dem Schutzmann und der Garage wegen der Reparatur gesprochen. Er kam um 21 Uhr 05 nach Welwyn und fuhr gegen 21 Uhr 15 wieder weiter. Die Nummer des Wagens stimmt.«

Sobald Parker sein Telefongespräch mit Scotland Yard beendet hatte, ließ er Neville Grimbold kommen, der seinem Bruder sehr ähnlich sah. Er war nur etwas schlanker und wortgewandter, wie sich das für einen Beamten geziemt. Er hatte der Aussage seines Bruders nichts hinzuzufügen und erwähnte nur, daß er von 20 Uhr 20 bis gegen zweiundzwanzig Uhr im Kino und anschließend in seinem Klub war, so daß er erst später am Abend von der Tragödie hörte.

Als nächste Zeugin erschien die Köchin, die mit vielen Worten sehr wenig sagte. Zwar hatte sie zufällig nicht gesehen, wie Hamworthy den Rotwein aus der Anrichte holte, sonst aber bestätigte sie seine Aussage. Verächtlich wies sie die Idee zurück, daß sich jemand im oberen Stock hätte verstecken können, weil die Stundenfrau, Mrs. Crabbe, fast bis zum Abendessen im Haus gewesen war, um Kampferbeutel in alle Schränke zu hängen. Überhaupt hegte sie keinen Zweifel daran, daß »dieser Payne eine ekelhafte, mordende Bestie« sei und Mr. Grimbold erstochen habe. Danach blieb nur noch das Interview mit dem mörderischen Mr. Payne.

Mr. Payne war von einer fast aggressiven Offenheit. Er war von Mr. Grimbold sehr hart behandelt worden. Mit Wucherzinsen und Zinseszinsen hatte er bereits den fünffachen Betrag des ursprünglichen Darlehens bezahlt, und jetzt hatte Mr. Grimbold ihm einen weiteren Zahlungsaufschub verweigert und seine Absicht angekündigt, die Sicherheit – Mr. Paynes Haus und Land – für verfallen zu erklären. Dies war um so brutaler, als die Aussicht bestand, daß Mr. Payne die ganze

Schuld in sechs Monaten abtragen konnte. Seiner Ansicht nach hatte der alte Grimbold so gehandelt, um die Rückzahlung zu verhindern, weil er den Besitz an sich reißen wollte. Grimbolds Tod hatte die Situation gerettet, weil die Bezahlung der Schuld nun bis zu dem genannten Zeitpunkt aufgeschoben wurde. Mit Vergnügen hätte Mr. Payne den alten Grimbold ermordet, aber dennoch war er nicht der Täter. Außerdem war er nicht der Mann, einen anderen von hinten zu erstechen. Wäre der Geldverleiher jünger gewesen, so hätte er, Payne, ihm alle Knochen im Leib zerschlagen. So war es, mochten sie es glauben oder nicht. Wenn Hamworthy, dieser alte Dummkopf, ihm nicht in die Quere gekommen wäre, hätte er den Mörder geschnappt. Wenn Hamworthy überhaupt ein Dummkopf war, was er sehr bezweifelte. Blut? Jawohl, er hatte Blut am Rock. Das kam daher, weil Hamworthy ihn an der Glastür festgehalten hatte. Hamworthys Hände waren voller Blut, als er in der Bibliothek erschien. Zweifellos von der Leiche. Er, Payne, hatte seinen Anzug nicht gewechselt, weil sonst jemand auf den Gedanken kommen könnte, er habe etwas zu verbergen, und im übrigen war er seit dem Mord noch nicht wieder zu Hause gewesen. Außerdem wollte er Einspruch erheben gegen die unverhüllte Feindseligkeit, mit der die örtlichen Polizeibeamten ihn behandelt hatten, worauf Inspektor Henley erwiderte, daß Mr. Payne völlig im Irrtum sei.

»Mr. Payne«, fiel Lord Peter ein, »sagen Sie mir doch bitte eins. Als Sie den Klamauk im Eßzimmer hörten, warum sind Sie da nicht sofort hineingegangen, um die Ursache festzustellen?«

»Warum?« entgegnete Mr. Payne. »Weil ich überhaupt nichts davon gehört habe. Deswegen. Erst als dieser Butler schnatternd und händeringend in der Tür stand, erfuhr ich davon.«

»Aha!« meinte Wimsey. »Ich habe mir schon gedacht, daß es eine gute, solide Tür sei. Sollen wir die Frau vielleicht mal bitten, für uns im Eßzimmer zu schreien, und zwar bei offener Glastür?«

Der Inspektor führte diesen Auftrag aus, während die übrigen gespannt auf die Schreie warteten. Es geschah jedoch nichts, bis Henley seinen Kopf fragend zur Tür hereinsteckte.

»Nichts gehört«, sagte Parker.

»Ein gut gebautes Haus«, bemerkte Wimsey. »Jeder Ton, der durch die Glastür dringt, wird durch den Wintergarten gedämpft. Na, Mr. Payne, wenn Sie die Schreie nicht hörten, ist es nicht überraschend, daß Sie den Mörder nicht gehört haben. Sind dies alle deine Zeugen, Charles? Ich muß nämlich nach London zurück und verlasse dich mit meinem Segen und zwei Vorschlägen. Nummer eins: suche nach einem Wagen, der gestern abend zwischen 19 Uhr 30 und 20 Uhr 15 innerhalb eines Umkreises von einer Viertelmeile geparkt hat. Nummer zwei: versammle alle Beteiligten heute abend im Eßzimmer und beobachte die Glastüren. Ich werde dich gegen acht anrufen. Übrigens, kannst du mir den Schlüssel zum Wintergarten leihen, Charles? Ich habe da eine gewisse Theorie.«

Der Oberinspektor überreichte ihm den Schlüssel, und Seine Lordschaft zog von dannen.

Die im Eßzimmer versammelte Gesellschaft war nicht gerade in geselliger Stimmung. Nur die Polizeibeamten plauderten miteinander und tauschten Anglererinnerungen aus, während Mr. Payne eine finstere Miene aufsetzte, die beiden Grimbolds eine Zigarette nach der anderen rauchten und die Köchin und der Butler nervös auf dem äußersten Rand ihres Stuhles hockten. Endlich läutete das Telefon.

Parker blickte auf seine Uhr, als er sich erhob. »Drei Minuten vor acht«, bemerkte er und sah, wie der Butler seine zuckenden Lippen mit dem Taschentuch abwischte. »Richten Sie den Blick auf die Glastüren.« Damit trat er in die Diele.

»Hallo!« rief er in den Apparat.

»Ist Oberinspektor Parker dort?« fragte eine ihm wohlbekannte Stimme. »Hier spricht Lord Peter Wimseys Diener aus der Wohnung Seiner Lordschaft in London. Wollen Sie bitte am Apparat bleiben? Seine Lordschaft wünscht mit Ihnen zu sprechen.«

Parker hörte, wie der Hörer hingelegt und dann wieder aufgenommen wurde. Dann ließ sich Wimseys Stimme vernehmen: »Hallo, alter Junge, hast du den Wagen schon gefunden?«

»Wir haben von einem Wagen gehört«, erwiderte der Oberinspektor vorsichtig, »der bei einem Gasthaus auf der Great North Road stand, ungefähr fünf Minuten von hier.«

»Lautete die Nummer ABJ 28?«

»Ja. Woher weißt du das denn?«

»Reine Vermutung. Dieser Wagen wurde gestern nachmittag um fünf Uhr von einer Londoner Garage gemietet und kurz vor zehn Uhr zurückgebracht. Seid ihr Mrs. Winter auf die Spur gekommen?«

»Ja. Sie kam heute abend mit dem Boot von Calais. Sie ist also offenbar O. K.«

»Das habe ich mir auch gedacht. Nun höre gut zu. Weißt du schon, daß Harcourt Grimbold sich in einer mißlichen Geschäftslage befindet? Im letzten Juli kam es beinahe zu einer Krise, aber irgend jemand ist eingesprungen – möglicherweise der gute Onkel. Meinst du nicht auch? Alles ziemlich faul, wie ich von meinem Berichterstatter hörte. Und man hat mir im tiefsten Vertrauen verraten, daß er wieder einen neuen Schlag erlitten hat. Aber aufgrund von Onkels Testament wird es ihm nicht schwerfallen, einen Kredit aufzunehmen. Doch könnte ich mir vorstellen, daß die Geschichte im Juli Onkel William einen ziemlichen Schreck eingejagt hat. Ich nehme an –«

Er wurde durch ein kurzes, wohltönendes Glockenspiel unterbrochen, dem acht silbrige Schläge folgten.

»Hörst du das? Erkennst du es wieder? Das ist die große französische Uhr in meinem Wohnzimmer... Was? Aha, Amt, bitte noch einmal drei Minuten. – Bunter möchte noch mal mit dir sprechen.«

Der Hörer klapperte, und die verbindliche Stimme des Dieners meldete sich wieder.

»Seine Lordschaft läßt Sie bitten, Sir, das Gespräch sofort abzubrechen und direkt ins Eßzimmer zu gehen.«

Parker gehorchte. Als er den Raum betrat, hatte er zunächst den Eindruck, daß die sechs Menschen noch genauso dasaßen, wie er sie verlassen hatte: in einem erwartungsvollen Halbkreis, die Augen auf die Glastüren gerichtet. Dann öffnete sich die Tür zur Bibliothek geräuschlos, und Lord Peter Wimsey spazierte ins Zimmer.

»Großer Gott!« entfuhr es Parker. »Wie bist du denn hierhergekommen?« Die sechs Köpfe flogen herum.

»Auf dem Rücken der Lichtwellen«, erwiderte Wimsey und strich sich das Haar zurück. »Ich bin achtzig Meilen gereist, um bei dir zu sein, mit einer Geschwindigkeit von hundertsechsundachtzigtausend Meilen pro Sekunde.«

»Es war eigentlich ganz klar«, meinte Wimsey, nachdem sie Harcourt Grimbold (der sich verzweifelt wehrte) und seinen Bruder Neville (der zusammenbrach und mit Brandy wieder belebt werden mußte) gefesselt hatten. »Es mußten diese beiden sein – sie waren so ausgesprochen woanders. Der Mord konnte nur zwischen 19 Uhr 57 und 20 Uhr 06 begangen worden sein, und es mußte ein Grund existieren für dieses ausgedehnte Telefongespräch, das sich auf Dinge bezog, die Harcourt sehr gut hätte regeln können, wenn er kam. Und der Mörder mußte vor 19 Uhr 57 in der Bibliothek sein. Sonst wäre er in der Diele gesehen worden; es sei denn, Grimbold hätte ihn durch die Glastür hereingelassen.

Die Sache ist so vor sich gegangen. Harcourt brach gegen sechs Uhr abends in einem gemieteten Wagen von London auf und parkte ihn unter irgendeinem Vorwand bei dem Gasthaus an der Straße. Er war dort wohl nicht bekannt, wie?«

»Nein, es ist ein ganz neues Haus, wurde erst im letzten Monat eröffnet.«

»Aha! Dann ging er die letzte Viertelmeile zu Fuß und kam hier um 19 Uhr 45 an. Es war dunkel, und er trug wahrscheinlich Gummischuhe, um auf dem Weg kein Geräusch zu machen. Dann hat er sich mit einem Nachschlüssel Zugang zum Wintergarten verschafft.« »Wie hat er den bekommen?«

»Im vergangenen Juli, als sein Onkel krank war, hat er ihm den Schlüssel vom Ring geklaut. Der Schreck über die Nachricht, daß der teure Neffe in Nöten saß, hat wahrscheinlich die Krankheit heraufbeschworen. Harcourt weilte damals hier – wie Sie sich erinnern, brauchte man nur Neville herzurufen. Ich vermute, daß Onkel William nur unter gewissen Bedingungen mit dem Geld herausrückte. Es erscheint zweifelhaft, ob er es noch einmal getan hätte, besonders da er daran dachte, sich zu verheiraten. Außerdem hat Harcourt wohl befürchtet, daß Onkel nach der Trauung das Testament ändern könne. Vielleicht gründete er sogar eine Familie, und was sollte der arme Harcourt dann anfangen? Von jedem Standpunkt aus war es besser, wenn der liebe Onkel das Zeitliche segnete. Also wurde der Nachschlüssel angefertigt und der Plan ausgeheckt. Bruder Neville wurde eingeweiht und mußte helfen. Ich neige zu der Ansicht, daß Harcourt noch mehr auf dem Kerbholz haben muß als einen Geldverlust, und Neville steckt vielleicht auch in Schwierigkeiten. Aber wo war ich stehengeblieben?«

»Wie er in den Wintergarten kam.«

»Ach ja – so bin ich heute abend auch hereingekommen. Er hielt sich im Schutz des Gartens auf und wußte, wann Onkel William ins Eßzimmer gehen würde; denn er sah ja das Licht in der Bibliothek ausgehen. Ihm waren die Gewohnheiten bekannt. Er kam im Dunkeln herein und schloß die äußere Tür hinter sich ab. Dann wartete er beim Telefon in der Bibliothek, bis Nevilles Anruf aus London kam. Sobald es aufhörte zu läuten, hob er den Hörer von der Gabel. Nachdem Neville seinen Vers heruntergeleiert hatte, setzte Harcourt das Gespräch fort. Niemand konnte ihn durch diese schalldichten Türen hören, und Hamworthy konnte nicht merken, daß Harcourts Stimme nicht aus London kam. Infolge des Parallelanschlusses kam sie ja auch über das Amt. Um acht Uhr schlug die Standuhr in der Jermyn Street – ein weiterer Beweis, daß die Londoner Leitung offen war. Sobald Harcourt das hörte, forderte er Neville auf, noch einmal zu sprechen. Während Neville den Butler mit seinen blödsinnigen Instruktionen aufhielt, schlich sich Harcourt ins Eßzimmer, erstach seinen Onkel und verschwand durch die Glastür. Er hatte reichlich fünf Minuten, um wieder zu seinem Auto zu gelangen. Hamworthy und Payne gaben ihm durch ihren gegenseitigen Verdacht einen noch größeren Vorsprung.«

»Warum ist er nicht wieder durch die Bibliothek und den Wintergarten verschwunden?«

»Er hoffte, daß alle annehmen würden, der Mörder sei durch die Glastür hereingekommen. Inzwischen fuhr Neville in Harcourts Wagen um 20 Uhr 20 aus London ab und lenkte unterwegs sorgfältig die Aufmerksamkeit eines Polizisten und eines Mechanikers auf die Wagennummer. An einer verabredeten Stelle außerhalb Welwyns traf er Harcourt und instruierte ihn wegen des Rücklichts. Dann wechselten sie die Wagen. Neville fuhr mit dem gemieteten Wagen nach London, und Harcourt kehrte mit seinem eigenen Wagen hierher zurück. Aber ich fürchte, es wird einige Schwierigkeiten bereiten, die Waffe, den Nachschlüssel und Harcourts blutbefleckten Mantel und Handschuhe zu finden. Neville hat sie wahrscheinlich mit nach London genommen, und durch London fließt ein schöner, tiefer Fluß.«

Das Perlenhalsband

Sir Septimus Shale pflegte seine Autorität einmal – und nur einmal – im Jahr geltend zu machen. Er ließ seine junge, elegante Frau das Haus mit geometrischen Stahlrohrmöbeln anfüllen, sie konnte avantgardistische Maler und alogische Dichter sammeln, an Cocktails und Relativitätstheorie glauben und sich so extravagant kleiden, wie sie Lust hatte; aber er bestand darauf, daß Weihnachten auf altmodische Weise gefeiert wurde. Er hatte ein schlichtes Gemüt, an Plumpudding und Knallbonbonsprüchen wirklich Freude, und es erschien ihm unmöglich, daß diese Dinge anderen »im Grunde« nicht ebensogut gefielen. So zog er sich zu Weihnachten unweigerlich auf sein Landhaus in Essex zurück; die Dienstboten mußten Stechpalmen- und Mistelzweige an die kubistischen Beleuchtungskörper hängen, er selbst belud das Stahlrohrbüfett mit Delikatessen und Naschwerk, drapierte Strümpfe über das Kopfteil der polierten Nußbaumbetten und ließ sogar für dies eine Mal die elektrischen Heizanlagen aus den Kaminen entfernen, damit man Holzfeuer und einen Julklotz anzünden konnte. Dann versammelte er seine Familie und seine Freunde um sich und stopfte sie mit soviel guten Dingen voll, wie er ihnen nur aufzunötigen vermochte. Nach dem Weihnachtsschmaus dirigierte er sie in den Salon, um sie mit Scharaden und anderen Gesellschaftsspielen, etwa »Tier, Pflanze, Mineral«, zu unterhalten; auch Versteckspielen im ganzen Haus gehörte zu den gebotenen Vergnügungen. Weil Sir Septimus ein sehr reicher Mann war, stimmten seine Gäste diesem stets gleichen Programm zu, und wenn sie sich dabei langweilten, ließen sie doch nichts davon verlauten.

Ein weiterer reizender Brauch, an dem er festhielt, war, daß er seiner Tochter Margharita zu jedem Geburtstag eine Perle schenkte – und dieser Geburtstag fiel mit dem Heiligen Abend zusammen. Inzwischen waren es zwanzig Perlen geworden, und die Kollektion erfreute sich allmählich einer gewissen Berühmtheit; verschiedene Gesellschaftsblätter hatten eine Abbildung gebracht. Obwohl die Perlen nicht ungewöhnlich groß waren – jede etwa wie eine Erbse –, besaßen sie doch beträchtlichen Wert. Sie hatten eine erlesen schöne Farbe, waren vollendet geformt und paßten haargenau zueinander. An diesem besonderen Weihnachtsabend hatte die Überreichung der einundzwanzigsten Perle Anlaß zu außergewöhnlichen Feierlichkeiten geboten. Man tanzte, und es wurden Reden gehalten. Am folgenden Abend fand die Feier im engeren Familienkreis bei Truthahn und viktorianischen Gesellschaftsspielen statt. Es waren elf Gäste, die mit Sir Septimus und Lady Shale und ihrer Tochter zusammensaßen, fast alle mit ihnen verwandt oder sonstwie verbunden: John Shale, ein Bruder, mit seiner Frau, seinem Sohn Henry und seiner Tochter Betty; Bettys Verlobter Oswald Truegood, ein junger Mann mit parlamentarischen Ambitionen; George Comphrey, ein Vetter von Lady Shale, etwa dreißigjährig und als Lebemann bekannt; Lavinia Prescott, Georges wegen eingeladen; Joyce Trivett, Henry Shales wegen eingeladen; Richard und Beryl Dennison, entfernte Verwandte von Lady Shale, die in der Stadt ein recht munteres und teures Leben führten, von dem niemand so recht wußte, wie sie es finanzierten; und schließlich Lord Peter Wimsey, der – eine geradezu rührend törichte Hoffnung – um Margharitas willen hergebeten worden war. Außerdem waren natürlich William Norgate, der Sekretär von Sir Septimus, und Miss Tomkins, die Sekretärin Lady Shales, anwesend; sie mußten dabeisein, weil ohne ihr Wirken im Hintergrund das Weihnachtsprogramm nicht hätte durchgeführt werden können.

Das Essen war vorüber – eine scheinbar endlose Folge von Suppe, Fisch, Truthahn, Roastbeef, Plumpudding, glasierten Früchten, Nüssen und fünferlei Wein, präsidiert von Sir Septimus, ganz lächelnde Freundlichkeit, neben ihm Lady Shale, ganz mokante Geringschätzung, und Margharita, hübsch und gelangweilt, mit der Kette aus einundzwanzig Perlen, die sanft an ihrem schlanken Hals schimmerten.

Die Gesellschaft, die, mit vollem Magen, einzig nach horizontaler Lage verlangte, wurde in den Salon geführt, wo man »Musikalische Stühle« (Miss Tomkins am Klavier), »Hasch den Pantoffel« (Pantoffel von Miss Tomkins und Mr. William Norgate) spielte. Der hintere Salon – Sir Septimus hing an solch altmodischen Bezeichnungen – gab das Umkleidezimmer ab; Flügeltüren trennten ihn vom großen Hauptraum, wo das Publikum auf Leichtmetallstühlen saß und in der furchterregenden Helle des Lampenlichts, das von der Metalldecke zurückgeworfen wurde, unbehaglich auf dem schwarzspiegelnden Fußboden scharrte.

William Norgate regte nach einer kurzen Prüfung der Stimmungskurve bei Lady Shale an, etwas weniger Turbulentes zu spielen. Lady Shale war sogleich einverstanden und schlug, wie gewöhnlich, Bridge vor. Sir Septimus tat diesen Vorschlag, wie gewöhnlich, mit einer Handbewegung ab.

»Bridge? Unsinn! Spielt Bridge an jedem Abend eures Lebens. Aber heute ist Weihnachten. Etwas, das wir alle miteinander spielen können – wie wär's mit ›Tier, Pflanze, Mineral‹?«

Dieser intellektuelle Zeitvertreib stand bei Sir Septimus hoch in Gunst; er war recht geschickt, wenn es darauf ankam, bedeutungsschwere Fragen zu stellen. Nach kurzer Diskussion wurde es offensichtlich, daß dieses Spiel ein unvermeidlicher Programmpunkt war. Die Gesellschaft stimmte also zu, und Sir Septimus ging als erster vor die Tür, um die Sache in Schwung zu bringen.

Kurz darauf hatten sie unter anderem die Fotografie von Miss Tomkins' Mutter geraten, dann eine Schallplatte mit *Ich möchte glücklich sein* (es brauchte dazu wissenschaftliche Forschungen über die genaue Zusammensetzung der Platten, von William Norgate aus der Encyclopaedia Britannica beigesteuert), dann den kleinsten Stichling im Bach am Ende des Gartens, außerdem den Planeten Pluto, den neuen Schal, den Mrs. Dennison trug (sehr schwierig, denn er war nicht aus Seide, was tierisch, oder Kunstseide, was pflanzlich gewesen wäre, sondern aus gesponnenem Glas, also mineralisch – ein sehr gescheit gewähltes Objekt); versagt hatten sie beim Erraten der Radioansprache des Premierministers, die etwas unfair klassifiziert wurde, da man sich nicht schlüssig werden konnte, ob sie als tierisch angesehen werden müsse oder als eine Art Gas. Schließlich kam man überein, noch eine weitere Runde zu spielen und dann auf Verstecken überzugehen. Oswald Truegood verschwand im hinteren Salon und schloß die Tür. Während die anderen über das nächste Wort verhandelten, unterbrach plötzlich Sir Septimus das Hin und Her. »Margy«, rief er seiner Tochter zu, »was hast du mit deiner Halskette gemacht?«

»Ich habe sie abgenommen, Papa, weil ich dachte, sie könnte bei der Scharade entzweigehen. Sie liegt drüben auf dem Tisch. Nein, da ist sie nicht. Hast du sie weggenommen, Mutter?«

»Nein. Aber wenn sie mir unter die Augen gekommen wäre, dann hätte ich's getan. Du bist ein unachtsames Kind.«

»Ich glaube, du selbst hast sie genommen, Papa. Du willst mich ärgern.«

Sir Septimus wies diese Beschuldigung energisch zurück. Alles geriet nun in Bewegung und begann herumzusuchen. Es gab in dem kahlen, blanken Raum nicht viele Stellen, an denen sich eine Halskette verstecken konnte. Nach zehn Minuten fruchtloser Jagd sah Richard Dennison, der am nächsten vom Tisch gesessen hatte, ziemlich unbehaglich drein.

»Peinlich, nicht wahr?« bemerkte er zu Wimsey.

In diesem Augenblick streckte Oswald Truegood den Kopf durch die Flügeltür und fragte, ob sie sich nicht endlich auf etwas geeinigt hätten, er werde nämlich langsam nervös.

Das lenkte die Aufmerksamkeit der Suchenden auf den hinteren Raum. Margharita mußte sich irren: Sie hatte die Kette dorthin mitgenommen, und nun waren die Perlen irgendwie unter die Scharadenkostüme geraten. Das Zimmer wurde durchstöbert, jedes nur mögliche Ding hochgehoben und geschüttelt. Allmählich sah die Sache ernst aus. Nach einer halben Stunde verzweifelter Bemühungen wurde allen klar, daß die Perlen nirgends zu finden waren.

»Sie müssen irgendwo in diesen beiden Räumen sein«, sagte Wimsey.

»Der hintere Salon hat keine Tür nach außen, und aus dem vorderen Salon konnte sich niemand entfernen, ohne gesehen zu werden. Die Fenster allerdings –«

Nein. Die Fenster waren alle an der Außenseite durch schwere Läden geschützt, zu deren Öffnen und Schließen zwei Diener benötigt wurden. Auf diesem Weg waren die Perlen nicht verschwunden. Eigentlich war überhaupt die Vorstellung, sie seien nicht mehr im Salon, sehr unangenehm. Denn ... denn ...

William Norgate, tüchtig wie immer, sah der Konsequenz solcher Überlegung kühl und kühn ins Gesicht.

»Ich glaube, Sir Septimus, es wäre für alle Anwesenden eine Erleichterung, wenn wir durchsucht werden könnten.«

Sir Septimus war entsetzt. Doch die Gäste stellten sich hinter Norgate. Die Tür wurde verschlossen und die Suchaktion durchgeführt – für die Damen im hinteren, für die Herren im vorderen Salon.

Sie erbrachte kein Resultat, ausgenommen ein paar sehr interessante Informationen über die Besitztümer, die der Durchschnittsmann und die Durchschnittsfrau gewöhnlich mit sich herumtragen. Es schien noch natürlich, daß Lord Peter Wimsey eine Zange besaß, eine Taschenlupe und einen kleinen zusammenlegbaren Zollstock – war er nicht der Sherlock Holmes der vornehmen Welt? Aber daß Oswald Truegood zwei Leberpillen in einem Papiertütchen bei sich hatte und Henry Shale eine kleine Ausgabe der Oden des Horaz, das kam überraschend. Und warum füllte John Shale die Taschen seines Gesellschaftsanzugs mit einem Klumpen roten Siegellacks, einem häßlichen kleinen Talisman und einem Fünfshillingstück? George Comphrey hatte eine zusammenlegbare Schere und drei eingewickelte Zuckerstücke, wie sie in Restaurants und Speisewagen serviert werden – Beweis für eine nicht ungewöhnliche Form der Kleptomanie –, aber daß der ordentliche, penible Norgate sich mit einer Rolle weißen Zwirns, drei verschieden langen Stücken Bindfaden und zwölf Sicherheitsnadeln auf einem Kärtchen ausstaffiert, schien wirklich bemerkenswert, bis jemand sich daran erinnerte, daß er das Anbringen der Weihnachtsdekoration beaufsichtigt hatte. Richard Dennison brachte unter verlegenem Lachen ein Damenstrumpfband, ein Döschen Compactpuder und eine halbe Kartoffel zutage; die letztere, sagte er, sei ein Vorbeugungsmittel gegen Rheumatismus (an dem er litt), die anderen Sachen gehörten seiner Frau. Bei den Damen waren die eindrucksvollsten Fundstücke ein Büchlein über Chiromantie, drei durchsichtige Haarnadeln und ein Babyfoto (Miss Tomkins), eine chinesische Zigarettendose mit Geheimfach (Beryl Dennison); ein sehr privater Brief und ein Instrument zum Aufnehmen von Laufmaschen (Lavinia Prescott), und schließlich eine Augenbrauenpinzette und ein Päckchen weißes Pulver, angeblich gegen Kopfschmerzen (Betty Shale). Ein paar aufregende Augenblicke folgten, als Joyce Trivett aus ihrer Handtasche eine dünne Perlenschnur herauszog – aber dann erinnerte man sich prompt, daß diese Perlen aus einem Knallbonbon stammten, und sie waren denn auch tatsächlich synthetisch. Kurzum, mit der allgemeinen Durchsuchung hatte man nichts erreicht als genierte Gesichter und das Unbehagen, das immer entsteht, wenn man sich zu ungewohnter Tageszeit hastig aus- und ankleiden muß.

Irgendwer ließ nun, widerwillig und zögernd, das schreckliche Wort »Polizei« fallen. Sir Septimus war natürlich außer sich über diese Idee. Er fand sie abscheulich. Nie würde er das erlauben. Die Perlen mußten irgendwo sein. Man brauchte nur die beiden Räume noch einmal zu durchsuchen. Und könnte nicht Lord Peter Wimsey, bei seiner Erfahrung mit – hm – mysteriösen Ereignissen, ihnen irgendwie behilflich sein?

»Wie?« fragte Seine Lordschaft. »O ja, beim Himmel, gewiß, gewiß. Das heißt, vorausgesetzt, daß niemand meint – äh, nicht wahr? – ich will sagen, Sie wissen doch nicht, ob ich nicht selbst verdächtig bin, wie?«

Lady Shale schaltete sich nachdrücklich ein. »Wir glauben nicht, daß irgend jemand verdächtigt werden sollte«, sagte sie. »Aber wenn wir schon solche Gedanken hätten, wüßten wir, daß Sie es nicht sein können. Sie wissen viel zuviel von Verbrechen, als daß Sie Lust dazu hätten, selbst eins zu begehen.«

»Schön«, antwortete Wimsey. »Aber nach dem, wie die Räumlichkeiten durchwühlt worden sind...« Er zuckte mit den Achseln.

»Ja, ich fürchte, Sie werden keinerlei Spuren finden können«, sagte Margharita. »Doch vielleicht haben wir etwas übersehen.«

Wimsey nickte.

»Ich will's versuchen. Bitte, bleiben Sie alle hier auf Ihren Stühlen im vorderen Salon sitzen. Alle bis auf einen von Ihnen – ich hätte lieber einen Zeugen für das, was ich tue oder finde. Sir Septimus – Sie sind der geeignetste, denke ich.«

Er dirigierte sie an ihre Plätze und begann einen langsamen Rundgang durch die beiden Räume; er untersuchte jede Möbelfläche, betrachtete die glattglänzende Metalldecke und kroch auf allen vieren in der bewährten Manier kreuz und quer über den schwarzen, spiegelnden Fußboden. Sir Septimus folgte ihm, er starrte mit, wenn Wimsey etwas anstarrte, er stützte die Hände auf die Knie, wenn Wimsey sich bückte, und schnaufte von Zeit zu Zeit laut vor Erstaunen und Kummer. So rückten sie langsam weiter wie ein Mann, der einen eifrig schnuppernden jungen Hund gemächlich auf der Gasse ausführt. Glücklicherweise erleichterte Lady Shales innenarchitektonischer Geschmack die Untersuchung; es gab kaum Winkel oder Ecken, in denen etwas versteckt sein konnte.

Sie kamen in den hinteren Salon, und hier wurden die Scharadenkostüme noch einmal peinlich genau inspiziert, doch ohne Ergebnis. Schließlich legte sich Wimsey flach auf den Bauch, um unter einen Schrank zu spähen, eines der wenigen Möbelstücke, die kurze Beine hatten. Irgend etwas schien dort seine Aufmerksamkeit zu fesseln. Er krempelte die Ärmel hoch und streckte den Arm in den Spalt, zappelte krampfhaft im Bemühen, weiter zu reichen, als es menschenmöglich war, holte dann aus seiner Tasche den zusammenlegbaren Zollstock und fischte mit ihm unter dem Schrank herum. Schließlich glückte es ihm, hervorzuholen, was er gesucht hatte.

Es war etwas sehr Kleines – ein Nagel, ein Stift. Kein gewöhnlicher, sondern einer, wie ihn etwa die Entomologen benützen, um besonders kleine Schmetterlinge für ihre Sammlung aufzuspießen. Er war ungefähr zwei Zentimeter lang und so dünn wie eine sehr feine Nadel; er hatte eine scharfe Spitze und einen winzig kleinen Kopf.

»Meiner Seel!« sagte Sir Septimus. »Was ist das?«

»Sammelt hier zufällig jemand Schmetterlinge oder Käfer oder sonst was?« fragte Wimsey, während er, auf den Fersen hockend, den Stift besah.

»Ich bin ziemlich sicher: nein«, erwiderte Sir Septimus. »Aber ich will sie fragen.«

»Tun Sie's nicht.« Wimsey neigte den Kopf und starrte auf den Boden, von dem ihm sein eigenes Gesicht nachdenklich entgegenblickte.

»Ich hab's«, sagte Wimsey. »So ist es ausgeführt worden. Alles in Ordnung, Sir Septimus. Ich weiß, wo die Perlen sind, aber ich weiß nicht, wer sie genommen hat. Vielleicht wäre es ganz gut – zur allgemeinen Beruhigung –, das noch herauszufinden. Erzählen Sie niemand, daß wir diesen Stift da gefunden oder überhaupt etwas entdeckt haben. Schicken Sie alle zu Bett. Verschließen Sie die Salontür und nehmen Sie den Schlüssel an sich; wir werden unseren Mann – oder unsere Frau – zur Frühstückszeit erwischen.«

»Du meine Güte«, sagte Sir Septimus äußerst verwirrt.

Lord Peter Wimsey überwachte in dieser Nacht sorgfältig die Salontür. Doch niemand näherte sich ihr. Entweder vermutete der Dieb eine Falle, oder er glaubte sicher, er könne die Perlen jederzeit wieder an sich nehmen. Wimsey aber hatte nicht den Eindruck, er vertue beim Warten seine Zeit. Er legte sich eine Liste der Leute an, die während des Spiels »Tier, Pflanze, Mineral« allein im hinteren Raum gewesen waren. Diese Liste lautete folgendermaßen:

Sir Septimus Shale

Lavinia Prescott
William Norgate
Joyce Trivett und Henry Shale (zusammen, weil sie behaupteten, sie seien ohne Hilfe unfähig zu raten)
Mrs. Dennison
Betty Shale
George Comphrey
Richard Dennison
Miss Tomkins
Oswald Truegood

Desgleichen machte er eine Liste der Leute, denen Perlen nützlich oder wünschenswert sein mochten. Leider stimmte diese zweite Liste fast ganz mit der ersten überein (Sir Septimus stets ausgenommen), und so half sie nicht viel weiter. Der Sekretär und die Sekretärin waren beide mit guten Referenzen engagiert worden, aber genau die hätten sie sich auch besorgt, wenn sie mit Hintergedanken hierhergekommen wären. Die Dennisons, das war bekannt, lebten von der Hand in den Mund. Betty Shale hatte mysteriöse weiße Pulver in der Handtasche, und man wußte, daß sie in der Stadt mit einer ziemlich fragwürdigen Clique verkehrte. Henry war ein harmloser Bursche, aber Joyce Trivett konnte ihn um den kleinen Finger wickeln, und sie war, was Jane Austen »kostspielig und liederlich« zu nennen beliebte. Comphrey spekulierte. Oswald Truegood erschien ziemlich regelmäßig in Epsom und Newmarket. Die Suche nach Motiven war nur allzu leicht.

Als ein Hausmädchen und ein Diener zum Saubermachen im Flur auftauchten, gab Wimsey seinen Beobachterposten auf, kam aber zeitig zum Frühstück. Sir Septimus mit Frau und Tochter waren noch vor ihm da, und eine gewisse Spannung lag in der Luft. Wimsey, der vor dem Kamin stand, machte Konversation über Wetter und Politik.

Nach und nach fand sich die ganze Gesellschaft ein, aber wie auf Verabredung wurde nichts von Perlen gesprochen, bis nach dem Frühstück Oswald Truegood den Stier bei den Hörnern packte.

»Nun«, sagte er, »wie kommt unser Detektiv voran? Haben Sie Ihren Mann erwischt, Wimsey?«

»Noch nicht«, antwortete dieser leichthin.

Sir Septimus sah Wimsey an, als erwarte er ein Stichwort, räusperte sich dann und griff in das Gespräch ein.

»Alles sehr unangenehm«, sagte er, »sehr unerfreulich. Hm. Bleibt nur die Polizei, fürchte ich. Ausgerechnet zu Weihnachten. Hm. Das ganze Fest verdorben. Kann das Zeug hier nicht mehr sehen« – er machte eine Handbewegung zu den Grüngirlanden und dem bunten Papierschmuck an den Wänden. »Wir nehmen alles herunter, hm, nicht wahr? Kein Herz mehr darin. Hm. Verbrennen das Ganze.«

»Wie schade, wir haben uns so viel Arbeit damit gemacht«, sagte Joyce.

»Ach, laß es, Onkel«, sagte Henry Shale. »Du regst dich zuviel auf über die Perlen. Ich bin sicher, sie kommen wieder zum Vorschein.«

»Soll ich nach James klingeln?« fragte William Norgate.

»Nein«, unterbrach Comphrey, »wir wollen es selbst tun. Das gibt uns Beschäftigung und lenkt von unangenehmen Gedanken ab.«

»Das stimmt«, sagte Sir Septimus. »Fangt nur gleich an. Der Anblick ist mir zuwider.«

Wütend zerrte er einen großen Stechpalmenzweig vom Kaminsims und warf ihn in die aufprasselnden Flammen.

»Das ist das Richtige«, sagte Richard Dennison, »macht ein hübsches Feuerchen.« Er sprang vom Tisch auf und riß das Mistelgrün vom Kronleuchter. »Los also! Noch einen Kuß für jemand, bevor es zu spät ist!«

»Bringt es nicht Unglück, wenn man die Zweige vor Neujahr herunternimmt?« gab Miss Tomkins zu bedenken.

»Unglück hin oder her! Wir räumen alles ab. Auch von den Treppen und im Salon. Jemand soll den Kram einsammeln.«

»Ist der Salon nicht zugesperrt?« fragte Oswald.

»Nein. Lord Peter sagt, die Perlen seien weiß der Himmel wo, aber nicht dort; so ist die Tür nicht mehr verschlossen. Stimmt's, Wimsey?«

»Gewiß. Die Perlen sind aus den beiden Räumen verschwunden. Ich kann noch nicht sagen wie, aber ich bin dessen ganz sicher. Ich wette meinen guten Namen, daß sie – wo immer sie auch sein mögen – dort oben nicht mehr sind.«

»Gut«, antwortete Comphrey, »dann also los! Kommen Sie, Lavinia, Sie und Dennison bearbeiten den Salon, und ich übernehme den hinteren Raum. Mal sehen, wer schneller ist!«

»Aber wenn die Polizei kommt«, sagte Dennison, »sollte dann nicht alles so bleiben, wie es ist?«

»Zum Teufel mit der Polizei!« donnerte Sir Septimus. »Die legt keinen Wert auf Grünzeug!«

Oswald und Margharita entfernten schon mit lautem Gelächter die Stechpalmenzweige und Efeuranken im Treppenhaus. Die Gesellschaft verstreute sich. Wimsey ging rasch die Treppe hinauf und in den Salon, wo das Zerstörungswerk mit großer Geschwindigkeit fortschritt; George hatte mit den anderen beiden zehn Shilling gegen ein Sixpencestück gewettet, daß sie mit ihrer Arbeit nicht vor ihm fertig wären.

»Sie dürfen nicht helfen«, sagte Lavinia lachend zu Wimsey, »das wäre unfair.«

Wimsey erwiderte nichts, aber er wartete, bis der Salon leer war. Dann folgte er den anderen in die Halle hinunter, wo im Kamin das Feuer loderte und Funken versprühte. Er flüsterte mit Sir Septimus, der sich daraufhin in Bewegung setzte und Comphrey eine Hand auf die Schulter legte.

»Lord Peter möchte mit Ihnen sprechen, mein Junge«, sagte er. Comphrey ging etwas widerstrebend, wie es schien, mit ihm.

»Mr. Comphrey«, sagte Wimsey, »ich denke, das hier dürfte Ihnen gehören.« Er hielt ihm die Handfläche entgegen, auf der zweiundzwanzig feine Stifte mit kleinen Köpfen lagen.

»Geistvoll«, sagte Wimsey, »aber etwas weniger Geistvolles hätte seinen Zwecken besser gedient. Es war sehr ungünstig, Sir Septimus, daß Sie die Perlen gerade zu diesem Zeitpunkt erwähnten. Selbstverständlich hoffte er, daß der Verlust erst entdeckt würde, nachdem wir mit den Ratespielen aufgehört hatten. Beim Verstecken hätten die Perlen irgendwo im Haus verlorengegangen sein können, die Salontür wäre nicht zugesperrt worden, und er hätte seine Beute im gegebenen Augenblick wieder an sich nehmen können. Offensichtlich dachte er schon an die Möglichkeit eines Diebstahls, als er hierherkam, deshalb brachte er die Stifte mit; daß Miss Shale die Kette abnahm zum Scharadespielen, bot ihm die erwünschte Gelegenheit.

Er hatte schon früher hier Weihnachten gefeiert und wußte genau, daß ›Tier, Pflanze, Mineral‹ zum Unterhaltungsprogramm gehören würde. Er brauchte nur die Halskette vom Tisch zu nehmen, als er an der Reihe war, in den hinteren Salon zu gehen, und er wußte auch, daß er mit mindestens fünf Minuten Alleinsein rechnen konnte, während wir alle über die Wahl des nächsten Wortes debattierten. So mußte er bloß die Perlen mit seinem Taschenscherchen von der Schnur schneiden, die Schnur im Kamin verbrennen und die Perlen mit den dünnen Stiften an dem Mistelzweig befestigen. Der Zweig hing oben am Kronleuchter, hübsch hoch, aber er konnte ihn leicht erreichen, wenn er auf den Glastisch stieg, der keinerlei Fußspuren verraten würde; und es war nahezu gewiß, daß niemand daran dachte, die Misteln nach ungewöhnlichen Beeren abzusuchen. Auch ich wäre nicht auf den Gedanken gekommen, wenn ich nicht diesen Stift gefunden hätte, der ihm hinuntergefallen war. Das brachte mich auf die Idee, daß die Perlen von der Schnur gelöst worden waren, und das übrige ergab sich dann leicht. Ich nahm die Perlen während der Nacht herunter; auch das Schloß war da, zwischen den Stechpalmenblättern festgesteckt. Hier ist alles. Comphrey muß heute morgen grausam erschrocken sein. Ich wußte, daß er unser Mann sei, als er vorschlug, die Gäste sollten selbst den Weihnachtsschmuck abräumen, und er wolle den hinteren Salon übernehmen – aber ich hätte gern sein Gesicht gesehen, als er zu dem Mistelzweig kam und die Perlen nicht mehr fand.«

»Und all das reimten Sie sich zusammen, als Sie den Metallstift fanden?« fragte Sir Septimus.

»Ja, da wußte ich, wohin die Perlen gewandert waren.«

»Aber Sie warfen nie auch nur einen Blick auf den Mistelzweig.«

»Ich sah sein Spiegelbild in dem schwarzglänzenden Fußboden, und es fiel mir auf, wie sehr die Mistelbeeren Perlen glichen.«

Wasserspiele

»Ja«, erklärte Mr. Spiller mit zufriedener Miene, »ich muß sagen, mir gefällt ein bißchen dekorative Wasserkunst im Garten. Das gibt der Anlage den letzten Schliff.«

»Einen Anflug von Versailles«, stimmte ihm Ronald Proudfoot zu.

Spiller blickte scharf zu ihm hinüber, als suche er argwöhnisch nach einem spöttischen Zucken in Proudfoots Gesicht. Doch die hageren Züge waren völlig ausdruckslos. Spiller fühlte sich nie ganz wohl in der Gesellschaft des Verlobten seiner Tochter, obgleich er stolz auf ihre Eroberung war. Ronald Proudfoot war, trotz seiner – in Spillers Augen – nicht sehr liebenswerten Eigenschaften, ein vollendeter Gentleman, und Betty betete ihn an.

»Das einzige, was noch fehlt«, fuhr Spiller fort, »ist meiner Meinung nach ein wenig freier Raum ringsum. Daß man einen Durchblick hat. Mit dem Gebüsch auf allen Seiten bekommt man nicht den richtigen Eindruck.«

»Oh, ich weiß nicht, Mr. Spiller«, wandte Mrs. Digby mit ihrer sanften Stimme ein. »Meinen Sie nicht, es wirkt so eher wie eine faszinierende Überraschung? Man kommt den schmalen Gartenweg entlang und denkt nicht im Traum daran, daß hinter diesen Fliederbüschen etwas sein könnte, dann biegt man um die Ecke und steht plötzlich davor. Als Sie mich heute nachmittag hinführten, verschlug es mir regelrecht den Atem.«

»So kann man's natürlich auch sehen«, gab Spiller zu. Es passierte ihm nicht zum erstenmal, daß er Mrs. Digbys silbergraue Erscheinung sehr anziehend fand. Sie war auch vornehm. Eine Witwe und ein Witwer im gesetzten Alter, beide mit ein bißchen Geld, konnten Dümmeres tun als sich zu heiraten und in einem hübschen Haus mit großem Garten und Springbrunnen gemütlich ihre Tage zu verbringen.

»Und der Platz ist so schön einsam«, fuhr Mrs. Digby fort, »mit den herrlichen Rhododendren. Sehen Sie nur, wie reizend sie sind, ganz von Wasser übersprüht – es glänzt wie Märchendiamanten –, und die Steinbank mit den dunklen Zypressen im Hintergrund! Ganz italienisch! Und der Flieder duftet wunderbar.«

Spiller wußte, daß die Zypressen in Wahrheit Eiben waren, aber er berichtigte sie nicht. Ein bißchen Unwissenheit kleidete eine Frau sehr gut. Er blickte von dem Cotoneaster auf der einen Seite des Springbrunnens zu den Rhododendronbüschen auf der anderen; die regenbogenfarbenen Blütendolden blitzten von Wassertropfen.

»Ich wollte eigentlich weder die Rhododendren noch den Cotoneaster entfernen«, sagte er. »Ich dachte bloß daran, eine Gasse durch die große Fliederhecke zu schlagen, damit man vom Haus aus einen freien Blick hat. Aber die Damen sollen immer das entscheidende Wort haben, nicht wahr, hm, Ronald?« Er brachte Proudfoots Vornamen nie ungezwungen heraus. »Wenn es Ihnen gefällt, so wie es ist, Mrs. Digby, gibt es keine Frage mehr. Der Flieder bleibt.«

»Sehr schmeichelhaft für mich«, sagte Mrs. Digby, »aber Sie dürfen nicht meinetwegen Ihre Pläne ändern. Ich habe nicht das geringste Recht, Ihnen bei Ihrem schönen Garten dreinzureden.«

»O doch, das Recht haben Sie«, antwortete Spiller. »Ich unterwerfe mich ganz Ihrem Geschmack. Sie haben für den Flieder gesprochen und fortan ist er unantastbar.«

»Jetzt werde ich mich scheuen, noch irgendeine Meinung zu äußern«, sagte Mrs. Digby kopfschüttelnd. »Aber wozu Sie sich auch entschließen, ich bin sicher, es wird reizend sein. Es war ein wunderbarer Einfall, den Springbrunnen hier anzulegen. Es gibt dem Garten ein ganz anderes Gesicht.«

Spiller fand, sie habe völlig recht. Und tatsächlich – wenn man dem Springbrunnen auch eigentlich schmeichelte mit der Bezeichnung »Wasserkunst«, da er nur aus einer Marmorschale über einem etwa einen Quadratmeter großen Becken bestand, so bot er doch ein prächtiges Schauspiel mit seinem tanzenden Wasserstrahl, der sich über die kleineren Sträucher erhob und fast die großen Fliederbüsche an Höhe übertraf. Und das kühlende Plätschern und Rieseln tat dem Ohr wohl an diesem freundlichen Frühsommertag.

»Kostet 'ne Kleinigkeit, das Ding zu unterhalten, nicht?« fragte Mr. Gooch. Er hatte bis dahin geschwiegen, und Mrs. Digby fand, seine Bemerkung verrate eine recht gewöhnliche Anschauungsweise. Eigentlich hatte sie Gooch vom ersten Augenblick ihrer Bekanntschaft an als entschieden vulgär beurteilt und sich darüber gewundert, daß er mit ihrem Gastgeber auf so vertrautem Fuß stehen sollte.

»Nein, nein«, erwiderte Spiller. »Es ist keineswegs teuer. Weißt du, er verwendet immer wieder dasselbe Wasser. Sehr geschickt konstruiert. Die Fontänen auf dem Trafalgar Square funktionieren nach dem gleichen Prinzip, glaube ich. Natürlich mußte ich ein bißchen was bezahlen für den Einbau, aber ich denke, die Anlage ist das Geld wert.«

»Das ist sie, in der Tat«, meinte Mrs. Digby.

»Ich hab's ja immer gesagt, Spiller, du bist ein reicher Knopf.« Gooch ließ sein ordinäres Lachen hören. »Ich wollte, ich steckte in deinen Schuhen. Ein ruhiges und geschütztes Plätzchen ist das hier, wenn du mich fragst, das Haus und alles. Sehr ruhig und geschützt.«

»Ich bin kein Millionär«, antwortete Spiller ziemlich kurz angebunden. »Aber die Dinge könnten schlechter stehen bei den heutigen Zeiten. Selbstverständlich«, fügte er etwas freundlicher hinzu, »muß man auch haushalten. Ich drehe den Springbrunnen zum Beispiel nachts ab.«

»Das glaube ich dir aufs Wort, du elender alter Geizkragen«, sagte Gooch angriffslustig.

Spiller wurde einer Antwort durch den Gong enthoben, der vom Haus herüberklang.

»Aha, das Essen«, verkündete er mit einer gewissen Erleichterung. Die Gesellschaft schlenderte gemächlich den gewundenen Pfad zwischen den Fliederbüschen entlang und ging dann über den Plattenweg, vorbei an blühenden Rabatten und den beiden Beeten mit jungen, noch etikettierten Rosen, zu der eben gepriesenen Villa, die Spiller Mon Plaisir getauft hatte.

Mrs. Digby schien es, als herrsche beim Essen eine leicht gespannte Atmosphäre, obwohl Betty, bildhübsch und sehr verliebt in Ronald Proudfoot, ganz entzückend die Gastgeberin spielte. Der Mißton kam von Gooch. Er aß zu geräuschvoll, trank viel zu ungeniert, fiel Proudfoot auf die Nerven und benahm sich Spiller gegenüber mit einer versteckten Frechheit, die anzuhören peinlich und unangenehm war. Wieder fragte sie sich, wo er wohl herkam und warum Spiller sich von ihm soviel gefallen ließ. Sie wußte wenig über Gooch außer der Tatsache, daß er von Zeit zu Zeit in Mon Plaisir als Besucher auftauchte, gewöhnlich etwa einen Monat blieb und anscheinend gut bei Kasse war. Sie hatte die unbestimmte Vorstellung, als wäre er eine Art Kommissionär, konnte sich aber an keine genaue Angabe darüber erinnern. Spiller hatte sich vor ungefähr drei Jahren im Dorf niedergelassen, und er war ihr immer sehr sympathisch gewesen. Man konnte ihn zwar nicht in jeder Hinsicht kultiviert nennen, aber er war freundlich, großzügig und bescheiden, und seine Zuneigung für Betty hatte etwas sehr Liebenswertes. Gooch war ungefähr ein Jahr später zum erstenmal aufgetaucht. Mrs. Digby dachte bei sich, daß sie, sollte sie je in die Lage kommen, in Mon Plaisir schalten und walten zu können – und langsam hatte sie den Eindruck, daß die Dinge dahin tendierten –, ihren ganzen Einfluß aufwenden würde, um Gooch loszuwerden.

»Wie wäre es mit einer Partie Bridge?« schlug Ronald Proudfoot beim Kaffee vor. Hübsch, dachte Mrs. Digby, den Kaffee von einem Diener serviert zu bekommen. Masters war wirklich ein sehr gewandter Butler, obwohl er diesen Posten mit dem eines Chauffeurs verband. Man würde bequem und angenehm leben in Mon Plaisir. Vom Eßzimmerfenster aus konnte sie den sauberen Garagenbau erkennen, der im Erdgeschoß die Wolseley-Limousine beherbergte und darüber ein Zimmer für den Chauffeur; auf dem Dach glänzte im Licht der letzten Sonnenstrahlen eine vergoldete Wetterfahne. Eine gute Köchin, ein tüchtiges Stubenmädchen, und alles so geordnet, wie man es sich nur wünschen mochte – wenn sie Spiller heiraten sollte, würde sie sich zum erstenmal in ihrem Leben eine Zofe leisten können. Es wäre eine Menge Platz im Haus, und natürlich, wenn Betty erst geheiratet hatte...

Betty, dachte sie, schien nicht übertrieben erfreut, daß Ronald Bridge vorgeschlagen hatte. Bridge war kein Spiel, das sich dazu eignete, zärtliche Gefühle auszudrücken, und vielleicht hätte es besser gewirkt, wenn Ronald Betty eingeladen hätte, mit ihm in der fliederduftenden Dämmerung unter den Zypressen am Springbrunnen zu sitzen. Mrs. Digby fürchtete manchmal, daß Betty die Verliebtere von beiden sei. Aber wenn Ronald etwas wünschte, mußte es ihm selbstverständlich gewährt werden, und sie persönlich genoß nichts mehr als ein ruhiges Spielchen. Außerdem hatte diese Regelung den Vorzug, daß man Gooch loswurde. »Spiele nicht Bridge«, pflegte er zu sagen. »Hatte nie Zeit, es zu lernen. Wo ich aufgezogen wurde, spielte man so was nicht.« Er wiederholte diese Bemerkung auch jetzt und begleitete sie mit einem an Spiller gerichteten verächtlichen Schnauben.

»Es ist nie zu spät, damit anzufangen«, sagte dieser friedlich.

»Ich tu's nicht!« gab Gooch zurück. »Ich drehe lieber noch 'ne Runde im Garten. Wo ist dieser Masters? Sag ihm, er soll Whisky und Sodawasser an den Springbrunnen bringen. Die Karaffe, wohlgemerkt – ein Glas reicht nicht für deinen sehr ergebenen –« Er griff mit seiner dicken Hand in das Kistchen mit Coronas auf dem Seitentisch, nahm eine Handvoll Zigarren heraus und ging durch die Balkontür der Bibliothek auf die Terrasse hinaus. Spiller klingelte und gab Masters den Auftrag ohne nähere Erklärung weiter, und bald darauf sahen sie ihn den Plattenweg zwischen den Rosenbeeten und Blumenrabatten hinabgehen, Whisky und Sodawasser auf einem Tablett.

Die anderen vier spielten bis 10 Uhr 30; da – es war gerade ein Spiel zu Ende – stand Mrs. Digby auf und sagte, es sei Zeit, nach Hause zu gehen. Ihr Gastgeber bot ihr galant an, sie zu begleiten. »Die beiden jungen Leute können einen Augenblick allein auf sich aufpassen«, setzte er mit einem vielsagenden Lächeln hinzu.

»Die Jungen können heutzutage besser auf sich aufpassen als die Alten.« Mrs. Digby lachte ein wenig schüchtern und erhob keine Einwände, als Spiller ihre Hand durch seinen Arm zog, während sie die paar hundert Meter zu ihrem Häuschen gingen. Sie zögerte einen Augenblick, ob sie ihn hineinbitten sollte, entschied dann aber, sanfte Wohlanständigkeit entspreche ihrem Stil am besten. Sie reichte ihm ihre weiche, beringte Hand über das niedrige weiße Gartentor. Er drückte sie lange – er hätte sie wohl geküßt, so verführerisch war der Duft des roten und weißen Hagedorns in Mrs. Digbys hübschem Garten, doch bevor er seinen Mut zusammennehmen konnte, hatte sie ihm die Hand entzogen und war gegangen.

Spiller öffnete die Vordertür seines Hauses in angenehmer Träumerei, als er auf Masters stieß.

»Nun, wo sind die Herrschaften, Masters?«

»Mr. Proudfoot ist vor fünf oder zehn Minuten gegangen, Sir, und Miss Elizabeth hat sich zurückgezogen.«

»Ach!« Spiller war überrascht. Die junge Generation, dachte er betrübt, ist anders in der Liebe als die alte. Er hoffte, daß es zwischen den beiden keine Mißstimmung gegeben hatte. Ein anderer störender Gedanke drängte sich ihm auf:

»Ist Mr. Gooch zurückgekommen?«

»Ich könnte es nicht sagen. Soll ich gehen und nachsehen?«

»Nein, lassen Sie's nur.« Wenn Gooch sich seit dem Abendessen mit Whisky hatte vollaufen lassen, hielt man Masters besser von ihm fern. Man konnte nie wissen. Masters war einer von diesen sanft wirkenden Burschen. Besser man traute seinen Dienstboten nicht zu sehr – für alle Fälle.

»Sie können zu Bett gehen. Ich schließe ab.«

»Sehr wohl, Sir.«

»Ach, übrigens – ist der Springbrunnen abgestellt?«

»Ja, Sir. Ich habe es selbst getan, Sir, um halb elf Uhr, da ich sah, daß Sie beschäftigt waren.«

»Recht so. Gute Nacht, Masters.«

Er hörte den Mann zur Hintertür hinausgehen und den gepflasterten Hof vor der Garage überqueren. Nachdenklich verriegelte er beide Eingangstüren und kehrte in die Bibliothek zurück. Die Whiskykaraffe stand nicht an ihrem üblichen Platz – zweifellos war sie noch bei Gooch im Garten –, aber er mixte sich einen kleinen Brandy mit Soda und trank ihn aus. Er nahm an, daß er die wenig schöne Aufgabe vor sich habe, Gooch ins Bett zu befördern. Dann bemerkte er plötzlich, daß das Treffen hier und nicht im Garten stattfinden würde. Gooch kam durch die Balkontür. Er war betrunken, aber nicht sinnlos, wie Spiller erleichtert feststellte.

»Nun?« fragte Gooch.

»Nun?« gab Spiller zurück.

»Gut unterhalten mit der entgegenkommenden Witwe? Hübsch amüsiert? Glück muß man haben, wie, alter Schuft? Bist weich gebettet auf deine alten Tage, was?«

»Hör auf, jetzt reicht's«, sagte Spiller.

»So, reicht es? Das ist gut. Das ist köstlich. Es reicht, he? Denkst wohl, ich bin Masters, daß du so mit mir redest?« Gooch kicherte heiser. »Nun, ich bin nicht Masters, ich bin der Herr hier. Schreib dir das hinter die Ohren. Ich bin der Herr, und du weißt das verdammt genau.«

»Gut«, antwortete Spiller matt, »aber verschwinde jetzt ins Bett, alter Junge. Es ist spät, und ich bin müde.«

»Du wirst noch müder werden, bis ich mit dir fertig bin.« Gooch bohrte beide Hände in die Taschen und stand – eine massige, drohende Gestalt – ziemlich schwankend da. »Ich bin knapp bei Kasse«, fuhr er fort. »Hatte 'ne schlechte Woche – bin völlig blank. Zeit, daß du 'n bißchen mehr rausrückst.«

»Unsinn«, sagte Spiller mit einiger Festigkeit. »Ich bezahle dir deine Rente, wie vereinbart, und lasse dich herkommen und hierbleiben, wann du nur willst, und das ist alles, was du von mir kriegst.«

»Ach, wirklich? Du wirst ein bißchen überheblich, was, verfluchte Nummer 413/2?«

»Schweig!« sagte Spiller und blickte sich hastig um, als ob die Möbel Ohren und Zungen hätten.

»Schweig! Schweig!« wiederholte Gooch höhnisch. »Du bist in der richtigen Position, um mir was vorzuschreiben, nicht wahr, 413/2? Schweig! Die Dienstboten könnten es hören! Betty könnte es hören! Bettys Verlobter könnte es hören! Ha! Bettys Verlobter – er wäre ganz besonders erfreut zu erfahren, daß ihr Vater ein entsprungener Zuchthäusler ist, nicht? Der jeden Augenblick abgeführt werden kann, um seine zehn Jahre Zwangsarbeit wegen Fälschung abzusitzen! Und wenn ich dran denke«, fuhr Gooch fort, »daß ein Mann wie ich, der nur kurze Zeit saß und sie treu und brav abgearbeitet hat, abhängig ist von den milden Gaben – haha! – meines lieben Freundes 413/2, während er im Reichtum schwimmt –«

»Ich schwimme nicht im Reichtum, Sam«, sagte Spiller, »und du weißt das verflixt gut. Aber ich will keine Schwierigkeiten. Ich werde tun, was ich kann, wenn du mir diesmal nachdrücklich versprichst, daß du nicht mehr so große Summen von mir verlangst, denn mein Einkommen trägt das nicht.«

»Oh, das verspreche ich dir gern«, stimmte Gooch freundlich zu. »Du gibst mir fünftausend auf die Hand –«

Spiller stieß einen erstickten Schrei aus.

»Fünftausend? Und wie, denkst du dir, soll ich fünftausend auf einmal beschaffen? Sei kein Idiot, Sam. Ich gebe dir einen Scheck über fünfhundert –«

»Fünftausend«, beharrte Gooch, »oder die Bude geht hoch!«

»Aber ich habe sie nicht«, wandte Spiller ein.

»Dann wäre es verdammt gut, wenn du sie auftreibst«, gab Gooch zurück.

»Und wie soll ich das anstellen?«

»Das ist deine Sache. Du brauchst bloß nicht so verflucht verschwenderisch sein, dein gutes Geld rauszuwerfen – Geld, das du mir zu geben hast – für Springbrunnen und ähnliches

Zeug. Es hat keinen Wert, wenn du bockst, mein ehrenwerter Mr. 413/2 – ich bin am längeren Hebel, und du bist erledigt, mein Lieber, wenn du nicht anständig für mich sorgst. Verstanden?«

Spiller verstand nur zu gut. Es war ihm schon seit einiger Zeit deutlich genug geworden: Sein Freund Gooch hatte ihn vollständig in der Gewalt. Noch einmal erhob er kraftlos Protest, und Gooch antwortete mit einem Lachen und einer zweideutigen Anspielung auf Mrs. Digby.

Spiller war sich nicht bewußt, daß er sehr hart zugeschlagen hatte; er erinnerte sich kaum, überhaupt geschlagen zu haben. Er war der Meinung, er habe nur zum Schlag ausgeholt und Gooch sei ausgewichen und über das Tischbein gestolpert. Aber sein Kopf registrierte die Dinge nicht ganz klar – außer dem einen: Gooch war tot.

Er war nicht ohnmächtig und auch nicht betäubt. Er war tot. Er mußte beim Fallen auf die Messingverzierung des Kamingitters aufgeschlagen sein. Blut war nicht zu sehen, doch als Spiller mit angstzitternden Fingern den leblosen Kopf untersuchte, fand er über der Schläfe eine Stelle, wo der Knochen nachgab wie eine zerbrochene Eierschale. Der Sturz hatte einen Riesenlärm verursacht. Spiller kniete auf dem Boden der Bibliothek und wartete auf das unvermeidliche Geschrei und die Schritte, die nun vom oberen Stockwerk herunterkommen würden.

Nichts geschah. Er erinnerte sich – mit Mühe, denn sein Verstand schien nur langsam und ungelenk zu arbeiten –, daß sich über der Bibliothek bloß der langgestreckte Salon befand und darüber das Fremdenzimmer und die Baderäume. Kein benütztes Schlafzimmer lag auf dieser Seite des Hauses.

Ein schwerfällig schleifendes, rasselndes Geräusch schreckte ihn auf. Hastig fuhr er herum. Die altmodische Uhr aus Großvätertagen setzte schnarrend ihren Hammer in Gang und schlug elf. Er wischte sich den Schweiß von der Stirn, stand auf und schenkte sich noch einen Brandy ein, unverdünnt diesmal.

Der Schnaps tat ihm wohl. Er schien die Hemmung von

seinem Denkvermögen zu nehmen, die Rädchen schnurrten emsig. An die Stelle seiner vorherigen Verwirrung trat eine ungewöhnliche Klarheit.

Er hatte Gooch ermordet. Es war nicht eigentlich mit Absicht geschehen, aber er hatte es getan. Ihm war es nicht wie ein Mord vorgekommen, aber es bestand nicht der geringste Zweifel, wie die Polizei über die Sache urteilen würde. Und er war einmal in den Händen der Polizei gewesen – Spiller schauderte. Sicher würde man seine Fingerabdrücke abnehmen wollen und mit Überraschung einen alten Freund wiedererkennen.

Masters hatte ihn sagen hören, er wolle aufbleiben und auf Gooch warten. Masters wußte auch, daß alle anderen zu Bett gegangen waren. Masters würde bestimmt Verdacht schöpfen. Aber halt!

Konnte Masters beweisen, daß er selbst zu Bett gegangen war? Ja, wahrscheinlich. Irgend jemand hatte sicher gehört, daß er den Hof überquerte, und gesehen, daß über der Garage das Licht anging. Man konnte nicht hoffen, den Verdacht auf Masters zu lenken – außerdem verdiente der Mann das auch schwerlich. Aber der bloße Gedanke daran hatte Spillers Gehirn auf eine neue und fesselnde Fährte gebracht.

Was er wirklich brauchte, war ein Alibi. Wenn er nur die Polizei über den Zeitpunkt von Goochs Tod irreführen konnte... Wenn man irgendwie den Eindruck erwecken konnte, daß Gooch noch am Leben war, nachdem...

Er dachte an die Geschichte zurück, die er im Urlaub gelesen hatte und die genau dieses Problem behandelte: Man verkleidete sich als das Opfer und telefonierte unter seinem Namen. Man sprach, so daß es der Butler hören mußte, mit dem Getöteten, als ob er noch am Leben wäre. Man machte eine Tonbandaufnahme von seiner Stimme und ließ sie ablaufen. Man versteckte die Leiche und schickte danach einen gefälschten Brief aus irgendeinem abgelegenen Ort. Er hielt einen Augenblick inne. Fälschung – aber er wollte das alte Spiel nicht wieder beginnen. Und all diese Möglichkeiten waren zu spitzfindig oder nicht durchführbar zu dieser Nachtzeit.

Und dann hatte er es plötzlich: Er war ein Dummkopf, er mußte Gooch nicht länger leben, sondern früher sterben lassen. Gooch sollte vor 10 Uhr 30 sterben, zu einer Zeit, da Spiller unter den Augen von drei Zeugen Bridge gespielt hatte. Soweit war der Einfall gut und – in groben Umrissen – sogar einleuchtend. Doch nun mußte man sich mit den Einzelheiten befassen. Wie konnte man die Zeit festlegen? Gab es irgend etwas, das um 10 Uhr 30 geschehen war?

Er nahm noch einen Brandy, und dann, mit einem Mal, wie von einem Scheinwerfer beleuchtet, sah er seinen ganzen Plan vor sich, scharf und deutlich, mit jedem Bindeglied und Winkelzug. Er warf einen Blick auf die Uhr; die Zeiger standen auf 11 Uhr 20. Er hatte die ganze Nacht vor sich.

Aus der Halle holte er eine Taschenlampe und trat dann ohne Scheu durch die Balkontür hinaus. Dicht neben der Tür, an der Außenmauer des Hauses, befanden sich zwei Leitungshähne, der eine zum Anschluß des Gartenschlauchs, der andere für den Springbrunnen ganz hinten im Garten. Diesen letzteren drehte er auf und ging dann, ohne seine Schritte zu dämpfen, den Plattenweg hinunter bis zur Fliederhecke und um das Beet mit dem Cotoneaster herum. Der Himmel war inzwischen, trotz des schönen, klaren Abends, sehr dunkel geworden, und er konnte über dem schwarzen Strauchwerk kaum die blasse Wassersäule erkennen, doch er hörte ihr tröstliches Plätschern und Rieseln; als er über das Gras beim Brunnen ging, spürte er den Wasserstaub auf seinem Gesicht. Der Lichtkegel der Taschenlampe zeigte ihm vor den Eiben die Gartenbank und darauf, wie er erwartet hatte, das Tablett. Die Whiskykaraffe war halb voll. Er leerte den größen Teil ihres Inhalts in das Becken, wobei er den Hals der Karaffe mit seinem Taschentuch umwickelte um keine Fingerabdrücke zu hinterlassen. Dann kehrte er auf die andere Seite der Fliederhecke zurück und vergewisserte sich, daß der Strahl des Springbrunnens vom Haus oder Garten aus nicht zu sehen war.

Das, was nun getan werden mußte, tat er nicht gern. Es war riskant; es konnte gehört werden. Er wünschte sogar, daß es nötigenfalls gehört würde – aber es war ein Risiko. Er benetzte seine trockenen Lippen und rief den Namen des Toten:

»Gooch! Gooch!«

Keine Antwort, nur das Rauschen des Springbrunnens, das für seine angstvollen Ohren ungewöhnlich laut durch die Stille klang. Er blickte um sich, beinahe als wäre er gewärtig, daß die Leiche sich aus dem Dunkel an ihn heranschleichen würde, mit hängendem Kopf und klaffendem Mund, der den bleichen Schimmer des Gebisses sehen ließ. Dann riß sich Spiller zusammen und ging rasch über den Plattenweg zurück; als er das Haus wieder erreicht hatte, horchte er. Nirgends eine Bewegung, kein Laut außer dem Ticken der Uhren. Leise schloß er die Tür der Bibliothek. Von jetzt an durfte es kein Geräusch mehr geben.

In der Garderobe neben der Speisekammer stand ein Paar Gummigaloschen. Er zog sie an und glitt wie ein Schatten wieder zur Balkontür hinaus, dann um das Haus herum in den Hof. Er spähte an der Garage empor; es brannte kein Licht im oberen Stockwerk, und er stieß einen Seufzer der Erleichterung aus, denn Masters neigte manchmal zu Schlaflosigkeit. Während er tappend den Weg zu einem Nebengebäude suchte, knipste er die Taschenlampe an. Seine Frau war einige Jahre vor ihrem Tod sehr gebrechlich gewesen, und er hatte ihren Rollstuhl mit nach Mon Plaisir gebracht, weil ihn ein unbestimmtes sentimentales Widerstreben daran hinderte, das Ding zu verkaufen. Jetzt war er dankbar dafür, dankbar auch, daß er es von einem guten Handwerker gekauft hatte und daß der Stuhl so leicht und lautlos auf seinen Gummireifen rollte. Er fand die Fahrradpumpe und füllte die Reifen prall mit Luft; als weitere Vorsichtsmaßnahme ölte er auch da und dort die Lager und Verschraubungen. Dann schob er unendlich behutsam den Stuhl zur Bibliothekstür hinüber. Wie gut, daß er überall Fliesen und Steinplatten hatte legen lassen, so daß keine Räderspuren sichtbar werden konnten.

Die Arbeit, die Leiche durch die Balkontür und in den Stuhl zu schleppen, setzte ihm stark zu. Gooch war ein schwerer Mann, und er selbst fühlte sich nicht sehr in Form. Aber schließlich hatte er es geschafft. Er widerstand dem Drang zu laufen und schob seine Last sacht und gleichmäßig über den schmalen Plattenstreifen. Er konnte den Weg nicht sehr gut erkennen und scheute sich, die Taschenlampe allzu oft anzuknipsen. Ein Abgleiten in die Blumenrabatten würde verhängnisvolle Folgen haben; er biß die Zähne zusammen und sah starr geradeaus. Er hatte das Gefühl, wenn er sich zurückwendete zum Haus, würde er an den oberen Fenstern dicht nebeneinander weiße, glotzende Gesichter erblicken. Der Zwang, den Kopf zu drehen, wurde beinahe übermächtig, doch er beherrschte sich. Endlich war er hinter den Fliederbüschen und vor Blicken vom Haus her geschützt. Der Schweiß rann ihm übers Gesicht, und der heikelste Teil seiner Aufgabe lag noch vor ihm. Doch selbst wenn sein Herz schlappmachen sollte bei der Anstrengung, er mußte die Leiche über den Rasenfleck tragen. Für die Polizei durften keinerlei sichtbare Räder- oder Fuß- oder Schleifspuren zurückbleiben. Er nahm alle Kräfte zusammen.

Es war geschafft. Goochs Leiche lag neben dem Springbrunnen, die Beule über der Schläfe genau auf der scharfen Steinkante des Beckens, eine Hand hing ins Wasser, die Glieder waren so natürlich wie möglich zurechtgelegt, damit es aussah, als wäre der Mann gestolpert und hingefallen. Über die Leiche, von Kopf bis Fuß, sprühte das Wasser des Springbrunnens, das sich im Nachtwind wiegte und bog. Spiller betrachtete sein Werk und sah, daß es gut gelungen war. Der Rückweg machte keine Mühe. Als er das Gefährt im Schuppen versorgt hatte und das letzte Mal durch die Balkontür geschlüpft war, hatte er das Gefühl, die Last vieler Jahre sei von seinem Rücken genommen worden.

Sein Rücken! Er hatte vorsorglich sein Smokingjackett ausgezogen, während er sich unter den Wasserstrahl des Springbrunnens beugen mußte, und nur sein Hemd war durchnäßt. Das konnte er im Wäschekorb verschwinden lassen. Aber die Rückseite seiner Hose verursachte ihm Unbehagen. Er wischte und trocknete daran herum, so gut er es mit seinem

Taschentuch konnte. Dann rechnete er nach. Wenn er den Springbrunnen etwa eine Stunde laufen ließ, würde sich, dachte er, die gewünschte Wirkung ergeben. Seine verzehrende Ungeduld bezähmend, setzte er sich und mixte einen letzten Brandy.

Um ein Uhr stand er auf, stellte den Springbrunnen ab, schloß die Balkontür nicht lauter und nicht leiser als gewöhnlich und ging festen Schrittes hinauf zu Bett.

Inspektor Frampton war, zu Spillers großer Freude, ein hochintelligenter Beamter. Er nahm die Fährten, die ihm geliefert wurden, mit dem Eifer eines braven Terriers auf. Der Tote war lebend zuletzt von Masters gesehen worden, nach dem Essen – 8 Uhr 30 –, jawohl, ganz recht. Danach hatte die übrige Gesellschaft miteinander Bridge gespielt bis 10 Uhr 30. Dann war Mr. Spiller mit Mrs. Digby weggegangen. Kurz nachdem er das Haus verlassen hatte, stellte Masters den Springbrunnen ab. Mr. Proudfoot ging um 10 Uhr 40, und Miss Spiller und die Dienstmädchen zogen sich wenig später zurück. Mr. Spiller betrat das Haus wieder um 10 Uhr 45 oder 50 und fragte nach Mr. Gooch. Ein paar Minuten danach ging Masters zur Garage hinüber und überließ es Mr. Spiller, das Haus zuzusperren. Später begab sich Mr. Spiller in den Garten hinab, um nach Mister Gooch zu sehen. Er ging nur bis zur Fliederhecke, rief dort nach ihm, und da er keine Antwort erhielt, nahm er an, sein Gast sei schon ins Haus gekommen und zu Bett gegangen. Das Hausmädchen glaubte, ihn nach Mr. Gooch rufen gehört zu haben. Sie schätzte, das sei etwa um 11 Uhr 30 gewesen – sicher nicht später. Mr. Spiller hatte danach lesend in der Bibliothek gesessen bis ein Uhr; dann hatte er die Balkontür geschlossen und war ebenfalls zu Bett gegangen.

Die Leiche war, als sie früh um 6 Uhr 30 vom Gärtner gefunden worden war, noch naß gewesen vom Strahl des Springbrunnens, der auch das Gras darunter durchtränkt hatte. Da der Brunnen um 10 Uhr 30 abgedreht worden war, bedeutete das, daß Gooch schon eine ziemlich lange Zeit vorher dagelegen haben mußte. In Anbetracht des großen Quantums an Whisky, das er getrunken hatte, war es wahrscheinlich, daß er einen Herzanfall erlitten hatte, oder in der Trunkenheit gestolpert und im Fallen mit dem Kopf auf den Beckenrand aufgeschlagen war. Alle diese Überlegungen fixierten den Zeitpunkt des Todes auf die Spanne zwischen 9 Uhr 30 und zehn Uhr – eine Ansicht, mit der der Arzt übereinstimmte, wenn er sich auch einen Spielraum von etwa einer Stunde vorbehielt. Und so lautete der Spruch des Untersuchungsrichters auf »Tod durch Unglücksfall«.

Nur ein Mensch, der Jahre hindurch das hilflose Opfer einer Epressung war, kann Spillers Empfindungen ganz ermessen. Gewissensbisse hatten keinen Raum darin – dafür war die Erleichterung viel zu groß. Die täglich neue Erbitterung über Goochs Gegenwart, die unersättlichen Geldforderungen, die ständige Bedrohung durch seine Säuferbosheiten los zu sein – diese Wohltat war einen Mord wert. Und, so betonte Spiller sich selbst gegenüber, als er sinnend auf der Steinbank beim Springbrunnen saß, es war gar kein wirklicher Mord gewesen. Er beschloß, heute nachmittag bei Mrs. Digby vorzusprechen. Jetzt konnte er sie bitten, ihn zu heiraten, ohne quälende Angst vor der Zukunft. Der Fliederduft war berauschend.

»Entschuldigen Sie, Sir«, sagte Masters.

Spiller wandte seinen nachdenklichen Blick von dem sprudelnden Wasser ab und sah fragend den Diener an, der in respektvoller Haltung neben ihm stand.

»Wenn es Ihnen recht ist, Sir, hätte ich gern ein anderes Schlafzimmer. Ich würde lieber im Haus schlafen.«

»Ach«, sagte Spiller. »Warum das, Masters?«

»Ich neige zu einem leichten Schlaf, Sir, schon seit dem Krieg, und ich finde das Knarren der Wetterfahne sehr störend.«

»Sie knarrt?«

»Ja, Sir. In der Nacht, als Mr. Gooch seinen traurigen Unfall erlitt, drehte der Wind um Viertel nach elf. Das Knarren weckte mich aus meinem ersten Schlaf und störte mich sehr.«

Eine kalte Hand griff nach Spillers Magengrube. Die Augen des Dieners erinnerten ihn in diesem Moment merkwürdig an Gooch. Er hatte nie zuvor eine Ähnlichkeit bemerkt.

»Es ist seltsam, Sir, wenn ich so sagen darf, daß Mr. Goochs Leiche bei der Änderung der Windrichtung, wie sie um 11 Uhr 15 eintrat, vom Springbrunnen durchnäßt worden sein soll. Bis 11 Uhr 15 fiel der Strahl nach der anderen Seite, Sir. Es sah fast so aus, als ob die Leiche nach 11 Uhr 15 dorthin gebracht und der Springbrunnen wieder aufgedreht worden wäre.«

»Sehr seltsam«, sagte Spiller. Von jenseits der Hecke hörte er die Stimmen von Betty und Ronald Proudfoot, die zwischen den Rabatten auf und ab gingen und plauderten. Das ganze Haus schien fröhlicher, nun da Gooch nicht mehr da war.

»In der Tat seltsam, Sir. Ich darf hinzufügen, Sir, daß ich, nachdem ich die Äußerungen des Inspektors gehört hatte, vorsorglich Ihre Smokinghose aus dem Wäscheschrank im Badezimmer trocknete.«

»Ja«, sagte Spiller.

»Ich werde natürlich die Änderung der Windrichtung den Behörden gegenüber nicht erwähnen, Sir; und nun, da die gerichtliche Untersuchung vorüber ist, ist es wenig wahrscheinlich, daß es noch jemand einfällt, es sei denn, ihre Aufmerksamkeit wird darauf gelenkt. Ich denke, Sir, wenn man alles in Erwägung zieht, könnten Sie es wohl der Mühe wert finden, mich für immer in Ihrem Dienst zu behalten, bei, sagen wir, doppeltem Lohn – zumindest am Anfang?«

Spiller öffnete den Mund, um zu sagen: »Geh zum Teufel!« Aber die Stimme versagte ihm. Er neigte den Kopf.

»Ich bin Ihnen sehr verpflichtet, Sir«, sagte Masters und zog sich auf lautlosen Sohlen zurück.

Spiller sah auf den Springbrunnen, der seinen hohen Wasserstrahl im Wind flimmern und tanzen ließ.

»Sehr geschickt konstruiert«, murmelte er mechanisch, »und es kostet gar nichts, ihn in Betrieb zu halten. Er verwendet immer wieder dasselbe Wasser.«

Pfeil überm Haus

»Eins steht fest, Miss Robbins«, erklärte Mr. Humphrey Podd. »Wir fassen die Sache nicht richtig an. Wir sind zu sanftmütig, zu alltäglich. Wir schreiben – das heißt, ich schreibe – eine haarsträubende, Gänsehaut erzeugende, blutrünstige Geschichte, dazu bestimmt, steinäugige Gorgonen in ihrem Schlummer zum Heulen zu bringen. Und was tun wir damit?«

Miss Robbins zog die letzte Seite von *Die Zeit wird kommen* von Humphrey Podd aus der Maschine und blickte ihren Arbeitgeber schüchtern an.

»Wir schicken sie zum Verleger«, wagte sie zu bemerken.

»Ja«, wiederholte Mr. Podd bitter, »wir schicken sie zum Verleger. Aber wie? In braunes Papier gewickelt, mit einem unterwürfigen Begleitbrief, in dem wir um seine gütige Aufmerksamkeit bitten. Schenkt er ihr seine Aufmerksamkeit? Liest er sie überhaupt? Nein! Sechs Monate läßt er sie in einem staubigen Korb liegen und sendet sie dann mit geheuchelten Dankes- und Höflichkeitsfloskeln zurück.«

Unwillkürlich blickte Miss Robbins auf eine Schublade, in der solche Totgeburten wie *Mordehe*, *Der tödliche Elefant* und *Die Nadel der Nemesis*, von vielen Reisen stark mitgenommen, begraben lagen. Tränen standen ihr in den Augen; denn wenn der Himmel ihr auch den Verstand versagt hatte, so liebte sie doch ihre Arbeit als Schreibhilfe und hegte außerdem eine heimliche und leidenschaftliche Zuneigung zu Mr. Podd.

»Vielleicht ein persönlicher Besuch?« schlug sie vor.

»Zwecklos«, erklärte Mr. Podd. »Die Burschen sind nie zu sprechen. Nein. Wir müssen uns an den Reklamefritzen ein Beispiel nehmen – Nachfrage schaffen, Erwartungen wecken. Mit anderen Worten: einen Feldzug planen.«

»O ja, Mr. Podd?« hauchte sie.

»Wir müssen modern, dynamisch, seelenerschütternd wirken«, fuhr der Verfasser fort. Er fegte die blonde Locke aus der Stirn, die so trainiert war, daß sie ihm in eindrucksvollen Momenten in die Augen fiel, und setzte die Miene eines Napoleon auf. »Wer soll unsere Zielscheibe sein? Nicht Sloop – der ist zu wohlgenährt. Nichts könnte diesen Fettwanst erschüttern. Auch nicht Gribble & Tape – sie sind beide tot, und ein Direktorium läßt sich nicht aus der Fassung bringen. Horace Pincock ist verletzbar, aber ich möchte lieber in einer Dachstube hocken, als ein Horace-Pincock-Autor werden.« (Es bestand keine Aussicht, daß Mr. Podd je am Hungertuche nagen würde, denn er bekam einen reichlichen Zuschuß von seiner verwitweten Mutter, aber die Redensart klang gut.) »Ich glaube, wir konzentrieren uns auf Milton Ramp. Für einen Verleger ist er intelligent und vorwärtsstrebend und, wie ich von meinen Freunden höre, sehr empfindlich. Besorgen Sie mir eine breite Feder, scharlachrote Tinte und etwas von dem widerlichen, leuchtend grünen Papier, das man bei Woolworth kaufen kann.«

»O ja, Mr. Podd«, hauchte Miss Robbins.

Der Feldzug gegen Mr. Milton Ramp begann an diesem Tag mit einer smaragdgrünen Sendung, die die Aufschrift »Streng vertraulich« trug. Inwendig standen nur die in scharlachroter Tinte und Riesenbuchstaben ausgeführten Worte: DIE ZEIT WIRD KOMMEN! Miss Robbins steckte dies in einen Briefkasten des West Central-Postamtes.

»Alle müssen von verschiedenen Stellen abgesandt werden«, erklärte Mr. Podd, »um eine Entdeckung zu vermeiden.«

Die zweite Botschaft (in der Shaftesbury Avenue eingeworfen) hatte keinen Wortlaut; sie bestand nur aus einem ungeheuren purpurnen Pfeil mit einem bösartigen Widerhaken. Die dritte Sendung (Stempel Fleet Street) zeigte wieder den Pfeil mit der mysteriösen Überschrift: »Der Pfeil der Zeit – sein Ziel ist Untergang und Verderben.« Die vierte verlieh dieser dunklen Bemerkung Nachdruck durch ein Zitat aus Mr. Podds neuestem Werk: »Der Untergang mag in weiter

Ferne liegen, aber – DIE ZEIT WIRD KOMMEN!« An dieser Stelle kam das Wochenende dazwischen, und Mr. Podd ruhte sich auf seinen Lorbeeren aus. Den Sonntagvormittag verbrachte er damit, auserlesene Brocken aus seinem Roman herauszupicken, der sich vortrefflich für diese Kampagne eignete, da es sich hier um einen zu Unrecht verurteilten und daher sehr aufgebrachten Herrn handelte, der seine restlichen Jahre mit langatmigen Drohungen und Racheakten ausfüllte. Am Sonntagabend brachte Mr. Podd seinen nächsten Brief eigenhändig zur Post. Er enthielt einen Auszug aus Kapitel IV, wo der Held in einer großartigen Szene seinem Widersacher trotzt:

»So schuldbeladen können Sie nicht ewig der Sühne entrinnen. Die Wahrheit soll siegen. DIE ZEIT WIRD KOMMEN!«

Am Montag beunruhigte ihn der Gedanke, daß Mr. Ramp das Ganze als Scherz auffassen könnte. Deshalb schrieb er:

»Noch lachen Sie – aber DIE ZEIT WIRD KOMMEN, da Sie auf mich hören werden! – siehe Disraeli.«

Dies gefiel ihm. Dann sah er, wie Miss Robbins einen Brief in den Papierkorb warf.

»Nur ein Reklameschreiben, Mr. Podd«, erklärte Miss Robbins.

»Mädchen!« rief Mr. Podd, »Sie erschrecken mich! Wenn sich nun unser dickfelliger Ramp durch einen Wall von Frauen wie Sie geschützt hat, was dann? Vielleicht hat er unsere wohldurchdachten, nervenerschütternden Ergüsse überhaupt nicht zu Gesicht bekommen!«

Daher gab er ihr den Auftrag, Ramps Behausung ausfindig zu machen. Das war keine schwierige Aufgabe, denn Mr. Ramps Privatadresse stand ganz offen im Telefonbuch, und der nächste Brief wanderte aus einem Briefkasten in Piccadilly dorthin:

»Nemesis sitzt auf dem zerstörten Herd. DIE ZEIT WIRD KOMMEN!«

Dies stand unter einem Zifferblatt, dessen pfeilförmige Zeiger auf halb zwölf wiesen.

»Wir werden die Zeiger jeden Tag um fünf Minuten vorrücken«, sagte Mr. Podd. »Nach einer Woche muß der Bursche uns aus der Hand fressen. Es heißt ja immer: Reklame macht sich bezahlt. Sollen wir da nicht auf einen Vorschuß anspielen? Fünfhundert Pfund wären doch mäßig für ein Buch von dieser Qualität, aber diese Burschen sind alle zugeknöpfte Geizhälse. Sagen wir daher zunächst einmal zweihundertfünfzig.«

»Davon steht nichts in ihrem Roman«, wandte Miss Robbins ein.

»Nein. Ich wollte Jeremy Vanbrugh nicht zu einem Erpresser stempeln. Das Publikum kann zwar einen ehrlichen Mörder ins Herz schließen und hat nichts dagegen, wenn der Detektiv ihn am Ende laufen läßt. Aber ein erpresserischer Mörder muß gehängt werden. Das verlangen die Spielregeln.«

»Aber wird Mr. Ramp uns nicht für Erpresser halten, wenn wir Geld verlangen?«

»Das ist etwas anderes«, entgegnete Mr. Podd. »Wir bitten nur um das uns zustehende Honorar. Das wird auch seine Meinung sein, wenn er das Buch sieht. Schreiben wir also: ›Eine Anzahlung von zweihundertfünfzig Pfund‹ – nein, zum Donnerwetter! Das klingt zu sehr nach Ratenzahlung. Halt. ›Ich bitte *jetzt* nur um zweihundertfünfzig Pfund – aber DIE ZEIT WIRD KOMMEN, da Sie mehr zahlen...‹, nein: ›den vollen Preis zahlen werden.‹ Das klingt präziser. Wir beglücken seine beiden Adressen damit.«

Er schrieb die Briefe und diktierte das erste Kapitel eines neuen Romans.

»Oh, Sie haben so wundervolle Ideen, Mr. Podd!«

»Vielen Dank, Miss Robbins«, sagte Mr. Podd herablassend, »Sie sind eine gute Seele. Ich weiß nicht, was ich ohne Sie anfangen sollte.«

Mr. Podd nahm seinen Lunch mit einem literarischen Freund namens Gamble ein. Er mochte Gamble nicht besonders gern, da dieser zu den Leuten gehörte, die durch einen winzigen Erfolg ganz verdorben werden. Gambles Roman *Verschwendete Scham* hatte durch einen glücklichen Zufall eine gewisse Popularität erlangt, und die Lorbeeren waren ihm zu Kopfe gestiegen. Er war häufig bei Verlegergesellschaften zu sehen, hatte bei einem literarischen Dinner eine witzige Rede vor einem Mitglied des Königshauses gehalten und bildete sich jetzt ein, jede Persönlichkeit der Verlagswelt genau zu kennen. Man konnte es sich nicht leisten, Gamble zu ignorieren, aber er stellte seine Freunde auf eine harte Probe. Humphrey Podd freute sich schon auf den Tag, wo er seinerseits Gamble gönnerhaft behandeln konnte.

»Sieh mal einer an!« sagte Gamble. »Dort sitzt Ramp. Der Mann steht nahe vor einem Zusammenbruch. Hat den Tatterich. Das siehst du seinem Gesicht schon an.«

Mr. Podd blickte den Verleger an. Er sah ein dünnes, bekümmertes Gesicht und ein Paar nervöser Hände, die unaufhörlich an einem Brötchen zupften.

»Warum?« fragte Mr. Podd. »Er steht doch ganz gut da. Seine Bücher haben einen flotten Absatz, nicht wahr?«

»Oh, geschäftlich ist alles in Ordnung. Wenn du ihm etwas anvertrauen willst, kannst du es ruhig riskieren. Nein – es geht um etwas ganz anderes. Sag's nicht weiter, aber es sollte mich nicht überraschen, wenn in Kürze der häusliche Ballon explodieren würde.«

»Der häusliche Ballon explodieren?« wiederholte Mr. Podd.

»Na ja – aber ich sollte nicht darüber sprechen. Ich weiß es nur zufällig, das ist alles. So etwas spricht sich herum.«

Mr. Podd hätte brennend gern mehr erfahren. »Na, wenn die Firma in Ordnung ist«, meinte er, »das ist die Hauptsache. Das Privatleben des Burschen geht mich nichts an.«

»Privatleben – ha!« sagte Gamble geheimnisvoll. »Nach allem, was ich höre, wird es nicht mehr lange privat sein.

Wenn einige der Briefe vor Gericht kommen – du meine Güte!«

»Briefe?« fragte Mr. Podd interessiert.

»Donnerwetter! Das hätte ich nicht erwähnen dürfen. Es wurde mir im tiefsten Vertrauen erzählt. Schwamm drüber, altes Haus!«

»Aber gewiß«, versprach Humphrey Podd, ärgerlich über sich selbst und über Gamble.

»Er spitzt allmählich die Ohren«, verkündete Mr. Podd Miss Robbins und wiederholte ihr Gambles Andeutungen.

»Oh, Mr. Podd!« rief Miss Robbins und spielte nervös mit dem Farbband, »er wird doch nicht etwa... ich meine, man kann nie wissen. Vielleicht ist er wütend –«

»Er wird alles vergessen, sobald er mein Buch sieht.«

»Ja, aber ich meine, er hat sich vielleicht etwas zuschulden kommen lassen. Vielleicht bekommt er es mit der Angst. Sie halten mich sicher für schrecklich töricht.«

»Keineswegs, Miss Robbins.«

»Nun, ich meine, wenn es ein dunkles Geheimnis in seiner Vergangenheit geben sollte –«

»Das wäre ein Gedanke!« rief Mr. Podd erregt. »Eine Sekunde – eine Sekunde! Miss Robbins, Sie haben mich auf die Idee für ein neues Buch gebracht. Notieren Sie. Titel: *Ein Schuß ins Blaue*. Nein, das gibt's, glaube ich, schon. Ich hab's: *Ein Pfeil überm Haus*. Zitat aus *Hamlet:* ›Daß ich meinen Pfeil über das Haus geschossen und meinen Bruder verletzt habe.‹ Entwurf. Beginnen Sie: Jemand – nennen wir ihn Jones – schreibt Drohbriefe an, sagen wir mal, Robinson. Jones meint es nur im Scherz, aber Robinson bekommt einen tödlichen Schreck, weil er tatsächlich, sagen wir mal, jemanden ermordet hat. Nehmen wir eine Frau – weibliche Opfer sind beliebter. Robinson begeht Selbstmord, und Jones wird wegen Erpressung und Mord verfolgt. Ich bin nicht sicher, ob es als Mord gilt, wenn jemand einen anderen durch Erschrekken in den Tod treibt, aber wahrscheinlich. Erpressung ist ein schweres Verbrechen, und wenn man bei Ausübung eines schweren Verbrechens jemanden zufällig tötet, so ist das Mord. Ha, diese Idee von mir ist gut! Vernichten Sie *Die Leiche in der Kloake* – habe nie viel davon gehalten. Wir wollen dies sofort in Angriff nehmen. Als Detektiv wählen wir am besten wieder Major Hawke. Wenn die Leser ihn nach dem Roman *Die Zeit wird kommen* ins Herz geschlossen haben, wollen sie ihm wieder begegnen. Hawke deckt die Sache mit den Briefen auf, obwohl sie von verschiedenen Gegenden abgeschickt worden sind –«

Hier stieß Miss Robbins, deren Bleistift wie trunken über das Papier raste, einen kleinen Schrei aus.

»Hawke entdeckt natürlich den Ursprung des Papiers, der Tinte und so weiter. Wir wollen einen Daumenabdruck auf einem der Umschläge annehmen. Nicht von Jones – von seiner Verlobten, die die Briefe für ihn zur Post getragen hat. Sie ist ein gutes Mädchen, steht aber hoffnungslos unter seinem Einfluß. Wir verheiraten sie am besten zum Schluß mit einem netten Menschen. Nicht Major Hawke – jemand anders. Wir erfinden noch einen anständigen Kerl für sie. Mir schwebt da eine gute Szene vor, in der sie das Beweismaterial verbrennt, während die Polizisten an die Tür hämmern. Wir müssen natürlich darauf achten, daß sie etwas vergißt, sonst würde Jones ja nicht geschnappt werden. Und dann die Szene vor Gericht – die wird fabelhaft!«

»Oh, Mr. Podd! Wird man den armen Jones hängen? Ich meine, es erscheint mir sehr hart, wo er es doch nur aus Spaß getan hat.«

»Das ist ja gerade die Ironie«, erklärte Mr. Podd mit grausamer Kälte. »Immerhin sehe ich, was Sie meinen. Das Publikum will ihn gerettet wissen. Nun, da verwandeln wir ihn eben in einen schlechten Charakter, in einen Mann, der Frauenherzen zertrampelt und über ihre Qualen lacht. Alle wirklichen Verbrechen begeht er ungestraft, und dann – das ist die Ironie – fällt er bei einem harmlosen Scherz herein. Notieren Sie: ›Jones hat einmal zuviel gelacht.‹ Muß einen besseren Namen finden als Jones. Lester klingt ganz gut. Jeder nennt ihn den ›lachenden Lester‹. Blond, lockiges Haar –

notieren Sie das –, aber die Augen zu dicht beieinander, ha, das geht ja wie geschmiert!«

»Und dieser Brief an Mr. Ramp«, begann Miss Robbins, sobald der Entwurf erfolgreich skizziert war. »Vielleicht möchten Sie ihn lieber nicht absenden?«

»Nicht absenden?« wiederholte Mr. Podd erstaunt. »Er ist doch wunderbar. ›DIE ZEIT WIRD KOMMEN – und es ist schon später, als Sie denken.‹ Natürlich wird er abgesandt. Ramp muß aufgerüttelt werden.«

Miss Robbins schickte den Brief gehorsam ab – wobei sie jedoch Handschuhe trug.

Erst als die Zeiger auf Mr. Podds Zifferblatt 11 Uhr 45 erreicht hatten und die Botschaft lautete: »Morgen, morgen und wieder morgen«, kam ihm der Gedanke, die Reaktion seines Opfers persönlich zu testen, und zwar genau um 11 Uhr 45 in Piccadilly Circus. Mit einem heiseren Gelächter, das die Blicke der Passanten auf ihn lenkte, stürzte er Hals über Kopf die Treppe zur Untergrundbahn hinab und dort in eine Telefonzelle, wo er sich mit Mr. Ramps Büro verbinden ließ.

Eine weibliche Stimme verkündete, daß Mr. Ramp nicht zu sprechen sei, und erkundigte sich nach dem Namen des Anrufenden. Mr. Podd war darauf vorbereitet und erwiderte, es handle sich um eine streng vertrauliche und sehr dringende Angelegenheit, außerdem könne er seinen Namen nur Mr. Ramp enthüllen. Das Mädchen schien weniger überrascht und weniger unbeugsam, als er erwartet hatte. Sie verband ihn mit Mr. Ramp. Eine scharfe, gequälte Stimme sagte: »Ja? Ja? Wer ist dort?«

Mr. Podd senkte seine von Natur aus ziemlich hohe Stimme zu einem eindrucksvollen Krächzen.

»DIE ZEIT WIRD KOMMEN!« sagte er. Es folgte eine Pause.

»Wie bitte?« fragte die scharfe Stimme gereizt.

»DIE ZEIT WIRD KOMMEN«, wiederholte Mr. Podd. Dann fügte er, von einer plötzlichen Inspiration getrieben, hinzu: »Sollen wir die Abzüge an den Staatsanwalt senden?«

Wieder trat eine Pause ein. »Ich weiß gar nicht, wovon Sie reden. Wer ist eigentlich am Apparat?«

Mr. Podd lachte teuflisch und legte den Hörer auf.

»Und warum nicht?« sagte Mr. Podd später zu Miss Robbins. »Man schickt dauernd Probeabzüge an Premierminister und Literaturkritiker. Die Meinung des Staatsanwalts dürfte ebenso gut sein wie die der anderen. Notieren Sie das.«

Zwei Tage verstrichen. Die tägliche Botschaft enthielt nur noch das ominöse Wort: »Morgen.« Mr. Podd diktierte drei Kapitel von *Ein Pfeil überm Haus* hintereinander weg und ging mit einem Freund in eine Teestube, nachdem er Miss Robbins beauftragt hatte, das Manuskript von *Die Zeit wird kommen* einzupacken und per Post an Mr. Milton Ramp zu schicken.

Es war ein rauher, nebliger Tag. Außerdem kalt – Miss Robbins schürte den Ofen in Mr. Podds Studio, um ihre steifen Finger zu wärmen. Als sie mit dem Manuskript auf die Straße trat, zitterte sie vor Kälte und zog sich den Pelz fester um den Hals.

Auf dem Weg zur Post kam sie an dem Zeitungsverkäufer an der Ecke vorbei. Die rote Schrift seiner Plakate zog Miss Robbins' Aufmerksamkeit an. Mit plötzlich klopfendem Herzen las sie *Londoner Verleger erschossen*.

Das Manuskript glitt ihr aus der Hand. Hastig hob sie es auf, fummelte in ihrer Tasche nach einem Geldstück und kaufte sich das *Evening Banner*. Sie schlug die Zeitung auf, und da stand es:

> Mr. Milton Ramp, der bekannte Verleger, wurde heute in seinem Büro erschossen aufgefunden, als seine Sekretärin vom Lunch zurückkam. Ein abgefeuerter Revolver lag neben ihm auf dem Boden. Mr. Ramp soll in letzter Zeit durch häusliche Schwierigkeiten und den Empfang anonymer Briefe beunruhigt worden sein.

Das Manuskript unter Miss Robbins' Arm schien zu ungeheurer Größe anzuschwellen. Sie blickte auf und sah das Auge des Zeitungsverkäufers auf sich gerichtet – ein unnatürlich helles Auge wie das eines Habichts. Es erinnerte sie an das Kapitel in *Mordehe*, wo Major Hawke sich als Zeitungsverkäufer verkleidet hatte, um ein verdächtiges Haus zu beobachten. Sie eilte ins Studio zurück. Als sie die Haustreppe hinaufstürzte, blickte sie nervös über ihre Schulter. Im Nebel sah sie die trüben Umrisse einer massigen Gestalt, die auf der anderen Seite des Platzes dahinschritt. Sie trug einen Helm und ein Regencape.

Humphrey Podds Atelierwohnung lag im obersten Stock. Miss Robbins lief wie ein Wiesel alle drei Treppen hinauf, suchte Deckung und schloß die Tür hinter sich zu. Dann schielte sie durch die Vorhänge und sah, wie der Polizist mit dem Zeitungsverkäufer redete.

Gott sei Dank, dachte Miss Robbins, daß ich das Manuskript nicht abgeschickt habe! Sie riß die braune Hülle ab und warf stöhnend den Begleitbrief und das Titelblatt des Manuskripts ins Feuer. Dann saß sie zitternd da. Aber nicht lange. Da war ja noch der Durchschlag. Und ihr Stenogramm. Und die Geschichte selbst trug das unverkennbare Gepräge von Humphrey Podds Urheberschaft.

Miss Robbins blickte abermals aus dem Fenster. Der Polizist kam auf das Haus zu, blieb davor stehen und sah zu den Fenstern empor. Mit einem Schrei des Entsetzens stürzte Miss Robbins zum brennenden Ofen und stopfte das Manuskript hinein – Original – Durchschlag – Stenogrammblock – was war sonst noch da? Das Heft für die Entwürfe, das mußte auch verschwinden. Ihre Hände zitterten, als sie die Seiten herausriß. Oh, und beinahe hätte sie das belastendste Beweisstück vergessen: das grüne Papier. Verzweifelt speiste sie die leckenden Flammen damit und schleuderte der Gründlichkeit halber auch die Feder und das Tintenfaß hinterher. Dann häufte sie frische Kohlen und Koks darauf.

Sie stand noch mit glühenden Wangen über den Ofen gebeugt, als sie Schritte auf der Treppe vernahm. Sofort stürzte sie an die Schreibmaschine und hämmerte nervös auf den Tasten herum. Eine Hand raspelte am Türgriff. Dann wurde ein Schlüssel ins Schloß gesteckt, und Mr. Podd trat ein.

»Was, Sie sind hier?« fragte er erstaunt. »Was machen Sie denn bei verschlossener Tür? Hören Sie mal, es ist etwas verdammt Ärgerliches passiert! Ramp, dieser Esel, hat sich eine Kugel durchs Gehirn gejagt, wenn er je eins besessen hat, und unsere ganze Reklameaktion ist für die Katz. Wir müssen wieder von vorn anfangen.«

»Oh, Mr. Podd, ich bin so froh, daß Sie hier sind. Als ich den Polizisten sah, fürchtete ich, er würde Sie verhaften, und ich wußte nicht, wo ich Sie erreichen konnte, um Sie zu warnen.«

»Kein Wunder, daß Ramp etwas blaß um die Nase war«, fuhr Mr. Podd fort, ohne sie zu beachten. »Seine Frau hat sich mit einem anderen Mann eingelassen. Ramp hat Wind davon bekommen durch einige anonyme Briefe von einem entlassenen Dienstboten. Gestern abend gab es einen fürchterlichen Auftritt, und seine Frau ist getürmt. Und nun hat sich dieser Dummkopf erschossen. Ich habe mir diesen Gamble geschnappt und die ganze Geschichte aus ihm herausgelotst. Hätte es mir auch früher sagen können, verdammt noch mal! Hat jetzt keinen Zweck mehr, etwas dorthin zu senden. Hoffentlich haben Sie das Manuskript noch nicht abgeschickt. Wenn ja, dann müssen wir es uns wieder holen und versuchen, es bei Sloop anzubringen. Aber was haben Sie denn, Miss Robbins?«

»Oh, Mr. Podd!« heulte Miss Robbins, »ich dachte… oh, Mr. Podd, ich habe die Manuskripte verbrannt!«

Polizist E 999 wandte sich zögernd zum Gehen. Irgend jemand im Souterrain kochte Spaghetti, und der Geruch zog ihm tröstlich in die Nase. Er hoffte, daß ihn zu Hause auch etwas so Gutes erwartete. Als er auf dem Gehsteig entlangschlenderte, hörte er plötzlich einen Krach und das Klirren von Glas, und eine Schreibmaschine segelte aus einem oberen Fenster dicht an seinem Helm vorbei.

»Nanu!« sagte Polizist E 999.

Ein lauter Schrei folgte. Dann rief eine schrille weibliche Stimme: »Hilfe! Hilfe! Ich werde ermordet!«

»Mein Gott!« sagte der Polizist. »So etwas muß ausgerechnet passieren, wenn ich zum Essen gehen will.«

Er kletterte die Stufen empor und klopfte mit Donnergepolter an die Tür.

Strupps

Das Tor, auf dessen abgeschuppter, verblichener Oberfläche der Name »Strupps« in dem trüben Licht soeben zu entziffern war, fiel klappend ins Schloß, was bei den durchnäßten Lorbeerbüschen einen Sprühregen auslöste. Susan Tabbit stellte den schweren Koffer hin und betrachtete durch den Regenschleier hindurch das kleine Haus.

Es war ein merkwürdiges, schiefes, buckliges Gebäude, das hinter seinen eigenen Hecken zu horchen schien. Seine Schornsteine – an jedem Dachende einer – hoben sich von dem wäßrigen Lichtstreifen im Westen wie zwei gespitzte, intensiv lauschende Ohren ab. Diese Wirkung wurde durch die blinde Fassade noch verstärkt.

Susan zitterte ein wenig und dachte sehnsüchtig an den hellen Omnibus, aus dem sie am Fuß des Hügels ausgestiegen war. Der Schaffner war offenbar ebenso überrascht gewesen wie der Gepäckträger am Bahnhof, als sie ihr Ziel nannte. Sie hatte den Eindruck gehabt, als wollte er etwas sagen, und sie wünschte, sie hätte den Mut aufgebracht, sich näher zu erkundigen. Strupps. Ein merkwürdiger Name. Ihre verheiratete Schwester hatte mißbilligend die Lippen gespitzt, als sie ihr die Adresse gab: Susan Tabbit bei Mrs. Wispell, Strupps, Roman Way, Bodcaster, und bekennen mußte, daß sie die Stelle ohne Besichtigung angenommen hatte.

Nun lag das Haus vor ihr, unnahbar, gleichgültig, aber auf der Lauer. Kein Haus sollte so aussehen. Sie hatte recht dumm gehandelt, aber ihrer Schwester war offensichtlich viel daran gelegen, sie aus dem Haus zu bekommen. Da die zahlreiche Familie ihres Schwagers erwartet wurde, war für sie kein Platz mehr. Außerdem war sie knapp bei Kasse. Sie hatte es sich so angenehm im Hause Strupps vorgestellt: Haus- und Stubenmädchen bei dreiköpfiger Familie. Diener und Köchin, ein Ehepaar, vorhanden. Bei ihrer letzten Stelle war sie die einzige Hilfe in einer achtköpfigen Familie gewesen, und sie hatte sich daher auf einen leichten Posten gefreut.

Susan nahm ihren Koffer wieder auf und schleppte ihn über den nassen Kiesweg zwischen viereckigen Rasenflächen mit leeren Blumenbeeten und dichten Gebüschgruppen. Dann folgte sie einem Pfad zur Rechten, der an der Hausfront mit ihren dunklen, abstoßenden Fenstern entlangführte. Der Weg an der Seite des Hauses war ebenso dunkel wie der andere. Zu ihrer Linken konnte sie die Umrisse einer hohen Glastür erkennen und zu ihrer Rechten eine Blumenrabatte, wo die an Stäben befestigten Blechschilder verlassen baumelten, und dahinter einen von hohen Bäumen eingeschlossenen Rasen. Durch eine quietschende Tür gelangte sie in einen kleinen, gepflasterten Hof, über den aus einem erleuchteten Fenster ein schmaler Lichtstreifen fiel.

Sie versuchte in dieses Fenster zu blicken. Aber eine Gardine verhüllte die untere Hälfte. Sie konnte nur die niedrige, mit schwarzen Balken durchzogene Decke sehen, an der eine Petroleumlampe hing. Nicht weit vom Fenster fand sie eine Tür und klopfte.

Beim ersten Schlag des altmodischen eisernen Klopfers ertönte wütendes, anhaltendes Hundegebell. Sie wartete klopfenden Herzens, aber niemand erschien. Nach einer Weile faßte sie Mut, den Klopfer noch einmal in Bewegung zu setzen. Diesmal schien sich etwas zu rühren. Das Bellen hörte auf. Sie vernahm, wie der Schlüssel umgedreht und der Riegel zurückgeschoben wurde. Dann öffnete sich die Tür, und eine massige Gestalt verwehrte ihr den Eintritt ins Haus.

»Wer sind Sie?«

Eine Stimme, wie Susan sie noch nie gehört hatte: rauh, heiser und geschlechtslos, wie die Stimme eines Erstickenden.

»Mein Name ist Tabbit – Susan Tabbit.«

»Ach, das neue Mädchen!« Es folgte eine Pause, als ob man sie auf Herz und Nieren prüfen wollte.

»Kommen Sie herein.«

Die dunkle Masse wich zurück, und Susan trat mit ihrem Koffer über die Schwelle.

»Mrs. Wispell hat doch sicher meinen Brief bekommen, in dem ich ihr meine Ankunft mitteilte?«

»Ja, aber man kann nie vorsichtig genug sein. Das ist ein abgelegenes Haus. Ihren Koffer können Sie für Jarrock stehen lassen. Hier links ist die Küche.«

Susan betrat die Küche, einen niedrigen, nicht sehr großen Raum, und stellte mit Befriedigung fest, daß ein gutes Feuer im Kamin brannte. Eine Reihe glänzender Kupferpfannen über dem Sims strahlte eine beruhigende Wirkung aus. Hinter sich hörte sie wieder die scharrenden Geräusche des Riegels und des Schlüssels. Dann nahte ihre Kerkermeisterin – warum kam ihr das Wort so unvermittelt in den Sinn? – und trat zum erstenmal ins Licht.

Der Eindruck war überwältigend. Das flache, weiße, breite Gesicht, der wogende Busen, der gewaltige Umfang der weißbeschürzten Hüften schienen den Raum auszufüllen. Dann aber vergaß sie all das über dem Schock der Entdekkung, daß die kolossale Frau obendrein noch schielte.

Es war kein gewöhnliches Schielen. Das linke Auge war so weit nach innen gedreht, daß die Hälfte der Iris unsichtbar war, was dieser Seite ihres Gesichts ein listiges, boshaftes Aussehen verlieh. Das andere Auge war klein, dunkel und glänzend und heftete sich scharf auf Susan.

»Ich bin Mrs. Jarrock«, sagte die Frau mit ihrer seltsamen Stimme.

Es erschien Susan unverständlich, wie jemand, der nicht gerade blind und taub war, eine derart entstellte und wie ein Rabe krächzende Frau heiraten konnte. »Guten Abend«, sagte sie und streckte zögernd die Hand aus, die von Mrs. Jarrocks dicker Pranke mit einem unerwartet harten, männlichen Griff umschlossen wurde.

»Sie trinken gewiß gern eine Tasse Tee, ehe Sie sich umziehen«, sagte Mrs. Jarrock. »Sie können doch servieren?«

»O ja, das bin ich gewohnt.«

»Dann beginnen Sie am besten gleich heute abend. Jarrock hat alle Hände voll zu tun mit Mr. Alistair, der wieder mal seinen schlechten Tag hat. Wir waren beide oben. Deswegen mußten Sie warten.« Wieder blickte sie das Mädchen durchbohrend an, und das Schielauge rollte unkontrolliert in seiner Höhle. Sie wandte sich ab, um den Kessel vom Herd zu nehmen, und Susan konnte sich nicht von der Vorstellung befreien, daß das linke Auge sie immer noch aus seinem Versteck hinter der flachen Nase der Köchin anschielte.

»Hat man es hier gut?« fragte Susan.

»Oh, es ist ganz erträglich«, erwiderte Mrs. Jarrock. »Man darf nur nicht nervös sein. *Sie* kümmert sich nicht viel um den Haushalt, aber das ist unter den Umständen nicht anders zu erwarten, und *er* ist ganz friedlich, wenn man ihm nicht in die Quere kommt. Mit Mr. Alistair haben Sie nichts zu tun, das ist Jarrocks Sache. Hier ist Ihr Tee. Ob Jarrock wohl –«

Sie brach ab und neigte den großen Kopf zur Seite, als ob sie auf etwas horchte, das oben vor sich ging. Dann eilte sie durch die Küche, mit einem für eine so schwerfällige Frau überraschend leichten Schritt, und verschwand in der Dunkelheit des Flurs. Die ängstlich lauschende Susan glaubte ein Stöhnen und das Getrappel von Füßen über der Balkendecke zu vernehmen. Nach wenigen Minuten kehrte Mrs. Jarrock zurück, nahm den Kessel vom Feuer und reichte ihn einer unsichtbaren Person im Flur. Es folgte ein längeres Geflüster. Dann erschien Mrs. Jarrock wieder und begann Toast mit Butter zu bestreichen.

Susan aß ohne Appetit. Sie war hungrig gewesen, als sie aus dem Bus stieg, aber die Atmosphäre des Hauses bedrückte sie. Sie hatte gerade eine zweite Scheibe Toast abgelehnt, als sie merkte, daß jemand die Küche betreten hatte.

Es war ein großer, kräftig gebauter Mann, aber er stand an der Tür, als sei er mißtrauisch oder schüchtern. Als Susan den Kopf zur Tür wandte, drehte Mrs. Jarrock sich ebenfalls um.

»Da bist du ja, Jarrock. Hier, trink deinen Tee.«

Daraufhin schlich der Mann seitwärts wie eine Krabbe an der Wand entlang und kam auf diese merkwürdige Weise schließlich zur anderen Seite des Feuers, wo er mit abgewandtem Kopf stehenblieb und Susan aus den Augenwinkeln anblickte.

»Dies ist Susan«, erklärte Mrs. Jarrock. »Hoffentlich gewöhnt sie sich gut ein. Ich bin froh, wenn ich endlich Hilfe bekomme.«

»Wir werden unser Bestes tun, um ihr das Leben hier zu erleichtern«, sagte der Mann mit einem sonderbaren Lispeln. Obgleich er ihr die Hand entgegenstreckte, hielt er den Kopf abgewandt. Er ließ sich in einem Lehnstuhl nieder, der ziemlich weit vom Kamin entfernt stand, und starrte ins Feuer. Der Hund, der bei Susans Klopfen gebellt hatte, war ihm in die Küche gefolgt und umkreiste leise knurrend die Beine des Mädchens.

»Ruhig, Crippen«, befahl der Mann. »Platz!«

Der Hund, ein großer, scheckiger Bullterrier setzte sich, aber er knurrte weiter, bis Jarrock ihn am Halsband zurückriß und mit einem kräftigen Klaps unter den Tisch scheuchte. Bei dieser Gelegenheit wandte Jarrock zum erstenmal Susan ganz das Gesicht zu, und sie sah mit Entsetzen, daß die linke Seite vom Backenknochen abwärts eine einzige schreckliche Narbe war, die den Mund zu einem grausigen Lächeln nach oben zerrte.

Ist denn jeder in diesem Haus verstümmelt oder mißgestaltet oder verrückt? fragte sich Susan verzweifelt. Gleichsam als Antwort auf ihre Gedanken sagte Mrs. Jarrock zu ihrem Mann: »Hat er sich jetzt beruhigt?«

»Oh, er ist ganz friedlich«, lispelte der Mann durch seine zerschmetterten Kiefer. »Er wird keine Schwierigkeiten mehr machen.« Er zog sich wieder in seine Ecke zurück und begann geräuschvoll an seinem gebutterten Toast zu lutschen.

»Wenn Sie Ihren Tee ausgetrunken haben«, sagte Mrs. Jarrock zu Susan, »zeige ich Ihnen Ihr Zimmer. Hast du den Koffer nach oben gebracht, Jarrock?«

Der Mann nickte wortlos, und Susan folgte beklommen diesem Ungetüm von einer Frau, die eine Kerze in einem Leuchter angezündet hatte.

»Die Treppe wird Ihnen zuerst etwas steil vorkommen«, sagte die heisere Stimme. »Und nehmen Sie in den Gängen

Ihren Kopf in acht. Dieses Haus ist anscheinend im Jahre eins gebaut und noch dazu von einem verrückten Architekten.«

Mrs. Jarrock glitt geräuschlos durch einen schmalen Korridor in eine quadratische, mit Fliesen belegte Diele, wo eine Petroleumfunzel die Dunkelheit noch zu vertiefen schien, und stieg dann eine schwarze, auf Hochglanz polierte Eichentreppe mit geschnitztem Geländer empor.

»Es gibt nur eine Treppe im Haus«, erklärte Mrs. Jarrock. »Höchst unbequem, aber nicht zu ändern. Sie müssen warten, bis er sich morgens in sein Zimmer verzogen hat, ehe Sie das schmutzige Wasser hinuntertragen; er sieht nicht gern Eimer. Dies hier ist das Schlafzimmer, da drüben das Gästezimmer, dies hier ist Mr. Alistairs Zimmer. Jarrock schläft natürlich bei ihm, für den Fall –«

Sie blieb horchend an der Tür stehen und kletterte dann eine enge Bodentreppe hinauf.

»Das ist Ihr Zimmer – klein, aber Sie sind für sich. Ich schlafe nebenan.«

Die Kerze warf ihre Schatten, ins Riesenhafte verzerrt, auf die schräge Decke, und Susan dachte: Wenn ich hier bleibe, werde ich auch eine unheimliche Gestalt bekommen.

»Und der große Bodenraum gehört dem Hausherrn. Damit haben Sie nichts zu tun. Wenn wir nur die Nase um die Ecke stecken, sind wir unsere Stellung los. Er schließt sie sowieso immer ab.« Sie stieß einen heiseren Lacher aus. »Merkwürdige Dinge hebt er dort auf, das muß ich schon sagen. Ich habe sie gesehen – wenn er sie nach unten bringt, heißt das. Ein komischer Kauz, dieser Mr. Wispell. Na, werfen Sie sich nur rasch in Ihr Schwarzes; dann stelle ich Sie der Hausherrin vor.«

Susan kleidete sich hastig um vor dem kleinen, herzförmigen Spiegel mit dem grünlichen Glas, das das Kerzenlicht mehr zu absorbieren als zu reflektieren schien. Sie zog die karierten Vorhänge beiseite und stellte fest, daß ihr Fenster den Seitengarten überblickte. Unter ihr lag die Blumenrabatte, und dahinter erhoben sich die hohen Bäume wie eine Mauer. Das Zimmerchen selbst war behaglich ausgestattet, erhielt jedoch eine merkwürdige Form durch den großen Schornstein, der am Kopfende ihres Bettes in einem abenteuerlichen Knick nach oben verlief. Ein winziger Kamin war an den Schornstein angeschlossen, sah aber unbenutzt aus. Wahrscheinlich, dachte Susan, qualmte er.

Dann stand sie, die Kerze in der Hand, zögernd oben an der Treppe. Die Angst vor der Einsamkeit kämpfte in ihr mit der Angst vor dem, was sie unten erwartete. Auf Zehenspitzen schlich sie die Bodentreppe hinab. Als sie auf dem oberen Korridor ankam, sah sie, wie Jarrock gerade die untere Treppe hinunterlief. Die Tür zu »Mr. Alistairs Zimmer« hatte er offengelassen. Getrieben von einer Neugierde, die mächtiger war als ihre Angst, schlich sie bis zur Tür und blickte verstohlen hinein. Ihr gegenüber stand ein altmodisches Himmelbett mit dunkelgrünen Behängen, und eine abgeblendete Leselampe brannte auf einem kleinen Tisch daneben. Der Mann in dem Bett lag mit geschlossenen Augen flach auf dem Rücken. Das Gesicht mit den scharfen Nasenflügeln war von einer durchsichtigen, wachsartigen Blässe. Eine Hand, so dünn wie eine Klaue, lag regungslos auf der grünen Decke; die andere war im Schatten der Vorhänge verborgen. Wenn Jarrock vorhin von Mr. Alistair gesprochen hatte, mußte sie ihm beipflichten: Dieser Mann war jetzt durchaus friedlich.

»Der Arme«, flüsterte Susan, »er ist gestorben.« Kaum hatte sie die Worte ausgesprochen, als eine dröhnende Lachsalve von unten heraufschallte, ungeheuerlich, kolossal, unheimlich – ein Frevel gegen das schweigende Haus. Susan fuhr zurück und schleuderte dadurch die Lichtschere aus dem Kerzenhalter, die klappernd die Eichentreppe hinunterfiel und mit metallischem Klirren unten auf den Fliesen landete.

Eine Tür wurde aufgerissen, und eine laute Stimme, in deren Tiefen noch ein Rest jener albernen Heiterkeit lauerte, rief:

»Was war das? Zum Teufel noch mal! Jarrock, haben Sie den höllischen Krach gemacht?«

»Entschuldigen Sie vielmals, Sir«, sagte Susan und trat bestürzt an den Treppenabsatz. »Es war meine Schuld.«

»Donnerwetter, wer sind Sie denn? Kommen Sie mal herunter, damit man Sie in Augenschein nehmen kann. Oh!« rief er, als Susans schwarzes Kleid und weiße Schürze bei der Treppenbiegung in Sicht kamen, »das neue Hausmädchen. Eine schöne Art, sich einzuführen. Verdammt guter Anfang! Ich wünsche keinen Lärm. Aller Lärm in diesem Haus wird von mir gemacht, verstanden?«

»Ja, Sir. Es soll nicht wieder vorkommen, Sir.«

»So ist's richtig. Und wenn Sie die Stufen beschädigt haben, dann geht's Ihnen an den Kragen. Wissen Sie das?« Er legte den großen, bärtigen Kopf in den Nacken, und sein schallendes Gewieher schien das Haus wie ein Windstoß zu erschüttern. »Nun kommen Sie schon, Mädchen, ich fresse Sie diesmal noch nicht. Zeigen Sie mir mal Ihr Gesicht. Ihre Beine sind wenigstens in Ordnung. Hausmädchen mit dikken Beinen kann ich nicht ausstehen. Kommen Sie herein und lassen Sie sich unter die Lupe nehmen. Sidonia, hier ist das neue Mädchen. Noch keine Minute im Haus, und schon wirft sie mit den Möbeln um sich. Hast du gehört? Ha, ha, ha!«

Er schob Susan vor sich her in ein Wohnzimmer, das mit seinen leuchtend bunten Farben wie ein Pfauenschwanz wirkte. Die Fenster waren fest verrammelt.

Auf einer Couch vor dem Kamin lag eine junge Frau mit einem kleinen, weißen, herzförmigen Gesicht, das von ihren schweren roten Haarmassen eingerahmt und fast darunter begraben wurde. Alte, schwere Ringe schmückten ihre langen Finger. Bei dem lärmenden Eintritt ihres Mannes erhob sie sich etwas unbeholfen und unsicher.

»Lieber Walter, schrei nicht so. Ich habe Kopfschmerzen, und dem armen Mädchen jagst du Angst ein. Sie sind also Susan. Hoffentlich haben Sie eine gute Reise gehabt. Kümmern sich Mr. und Mrs. Jarrock um Sie?«

»Ja, danke, gnädige Frau.«

»Das ist schön.« Ihr Blick wanderte ein wenig hilflos zu ihrem Mann und dann wieder zurück zu Susan. »Ich hoffe, Sie werden Ihre Arbeit gut verrichten, Susan.«

»Ich werde mich bemühen, Sie zufriedenzustellen, gnädige Frau.«

»Ja, ja, davon bin ich überzeugt.« Sie ließ ein silbernes Lachen erklingen, das einem Vogelruf ähnelte. »Mrs. Jarrock wird Sie in alles einweihen. Ich hoffe, Sie werden sich hier wohl fühlen und bei uns bleiben.« Wieder ertönte ihr sinnloses Lachen.

»Hoffentlich verschwindet Susan nicht wie das letzte Mädchen«, sagte Mr. Wispell. Susan fing einen Blick auf, den seine Frau ihm rasch zuwarf, aber ehe sie entscheiden konnte, ob er Furcht oder eine Warnung ausdrückte, wurde sie unterbrochen. Ein scharfer Glockenton erschallte, und in dem darauffolgenden Schweigen tauschten die beiden Wispells ängstliche Blicke aus.

»Was ist das schon wieder, zum Kuckuck noch mal?« rief Mr. Wispell.

Jarrock kam mit einem Telegramm herein, das Wispell ihm aus der Hand riß und öffnete. Mit einem Ausruf der Bestürzung reichte er es seiner Frau, die einen scharfen Schrei ausstieß.

»Walter, das geht nicht! Sie darf nicht kommen. Können wir sie nicht daran hindern?«

»Sei nicht töricht, Sidonia. Was können wir tun?«

»Aber Walter, verstehst du denn nicht? Sie wird erwarten, daß sie Helen vorfindet.«

»O Gott!« stöhnte Mr. Wispell.

Susan ging früh zu Bett. Das Abendessen war eine gezwungene, melancholische Mahlzeit gewesen. Mrs. Wispell hatte von Zeit zu Zeit von nichtigen Kleinigkeiten geredet, und Mr. Wispell schien in wuterfüllten Trübsinn versunken zu sein, aus dem er sich nur aufrüttelte, um von Susan mehr Kartoffeln oder noch eine Scheibe Brot zu verlangen. Auch in der Küche war es nicht besser; man erwartete anscheinend Besuch.

»Per Auto von York«, murmelte Mrs. Jarrock. »Wer weiß, wann sie hier eintreffen. Aber das sieht ihr so richtig ähnlich.

Keine Rücksichtnahme. Nie welche besessen. Mrs. Wispell kann mir leid tun.«

Jarrocks entstellter Mund verzog sich zu einem noch entsetzlicheren Grinsen.

»Reiche Leute tun, was ihnen beliebt«, meinte er. »Vor vier Jahren war es dasselbe. Ein Telegramm – und wehe, wenn nicht alles klappt! Aber wir werden bereit sein. O ja, das wirst du schon sehen.« Er kicherte leise vor sich hin.

Auf Mrs. Jarrocks Gesicht lag ein merkwürdiges, verschlagenes Lächeln. »Sie müssen mir helfen, die Gastzimmer herzurichten, Susan.«

Als Susan später in die Spülküche kam, um eine Wärmflasche zu füllen, fand sie die Jarrocks in vertraulicher Unterhaltung.

»Und sieh zu, daß du nicht soviel Lärm machst«, sagte die Köchin. »Diese Mädchen haben lange Zungen. Trauen kann man keiner...«

Sie drehte sich um und sah Susan.

»Wenn Sie fertig sind«, sagte sie und nahm ihr die Wärmflasche aus der Hand, »gehen Sie am besten zu Bett. Sie haben eine lange Reise hinter sich.«

Die sanft gesprochenen Worte klangen wie ein Befehl. Susan holte ihren Kerzenhalter aus der Küche, und als sie wieder an der Spülküche vorbeikam, hörte sie die Jarrocks miteinander flüstern. An der Hintertür entdeckte sie zwei Spaten und einen leeren Sack. Die hatte sie dort vorher nicht gesehen, und sie fragte sich im stillen, was Jarrock wohl damit vorhatte.

Sie schlief rasch ein, denn sie war müde. Aber einige Stunden später fuhr sie aus dem Schlaf mit dem Gefühl, daß man sich in ihrem Zimmer unterhielt. Der Regen hatte aufgehört, und ihr Zimmer war von einem matten Mondlicht erhellt. Es war niemand da, aber die Stimmen waren kein Traum. Dicht neben ihrem Kopf vernahm sie Gemurmel. Sie setzte sich auf und zündete ihre Kerze an. Dann schlüpfte sie aus dem Bett und schlich zur Tür.

Der Korridor war leer; aus dem Zimmer nebenan drang das

tiefe, regelmäßige Schnarchen der Köchin. Susan ging zurück und stand einen Augenblick verdutzt da. In der Mitte des Zimmers konnte sie nichts hören, aber sobald sie sich ins Bett legte, ertönten die Stimmen wieder, etwas gedämpft, als wären die Sprechenden tief unten in einem Brunnen. Sie beugte sich über den leeren Kamin. Sofort wurden die Stimmen deutlicher, und sie merkte, daß der große Schornstein ein Sprachrohr bildete für Leute, die sich in dem darunterliegenden Raum unterhielten. Mr. Wispell sprach gerade. »... fangen am besten schon an... können jederzeit hier sein...«

»Der Boden ist ganz weich.« Das war Jarrock. Ein paar Worte entgingen ihr, und dann: »... sie vier Fuß tief vergraben wegen der Rosenbüsche.«

Es folgte ein Schweigen. Dann kam das gedämpfte Echo von Mr. Wispells homerischem Gelächter, das durch den hohlen Schornstein dröhnte.

Susan hockte halb erstarrt vor dem Kamin. Die Stimmen sanken zu einem leisen Gemurmel ab. Dann wurde eine Tür geschlossen und es herrschte völlige Stille. Sie streckte ihre verkrampften Glieder und lauschte noch einen Moment. Dann begann sie sich hastig anzukleiden. Sie mußte dieses schreckliche Haus verlassen.

Plötzlich ertönte ein leiser Schritt auf dem Kiesweg unter ihrem Fenster, bald darauf ein Klirren von Eisen. Dann hörte sie eine Männerstimme: »Hier zwischen Betty Uprichard und Evelyn Thornton.« Daraufhin wurde ein Spaten in den schweren Boden gestoßen.

Susan schlich zum Fenster und blickte hinaus. Da unten im Mondlicht waren Mr. Wispell und Jarrock fieberhaft bei der Arbeit. Sie hoben einen flachen Graben aus. Ein Rosenbusch wurde herausgenommen und auf die Seite gelegt. Während Susan zusah, wurde der Graben zusehends tiefer und breiter und nahm eine unheimliche Gestalt an.

Eilig zog Susan sich die letzten Kleidungsstücke an, suchte ihre Handtasche mit dem Geld und öffnete vorsichtig die Tür. Es war nichts weiter zu hören als das Schnarchen von nebenan. Sie hob ihren Koffer auf, den sie vorm Schlafengehen noch nicht ausgepackt hatte, zögerte eine Weile und schlich dann so schnell und leise wie sie konnte auf Zehenspitzen die steile Treppe hinunter. Mr. Wispells Worte fielen ihr wieder ein und nahmen plötzlich eine drohende Bedeutung an. »Hoffentlich verschwindet sie nicht ebenso wie das letzte Mädchen.« Hatte die letzte auch etwas gesehen, das nicht für ihre Augen bestimmt war, war sie ebenfalls mit zitternden Knien die schwarze Eichentreppe hinabgehuscht? Oder war sie auf seltsame Weise verschwunden und lag für immer vier Fuß tief unter den Rosenbüschen? Die alten Dielen knarrten unter Susans Gewicht. Auf dem unteren Korridor stand die Tür zu Mr. Alistairs Zimmer ein wenig offen. Wurde das Grab im Garten für ihn geschaufelt? Oder war es für sie bestimmt? Oder gar für den in der Nacht erwarteten Besuch?

Im Licht ihrer flackernden Kerze sah sie, daß die Haustür mit Schlüssel, Riegel und Kette verschlossen war. Nur das Grauen gab ihr die Kraft, mit äußerster Vorsicht und Beherrschung den quietschenden Riegel zurückzuschieben, die Kette zu lösen und den schweren Schlüssel umzudrehen. Der Garten lag still und aufgeweicht im Mondlicht da. Leise zog sie die Tür hinter sich zu und stand frei auf der Schwelle. Sie holte tief Atem und glitt lautlos wie ein Schatten den Pfad hinab.

An der Straße, die den Hügel hinabführte, stand eine dichte Gruppe von Büschen. Hier versteckte sie ihren Koffer, und dann rannte sie, was sie konnte.

In aller Herrgottsfrühe um vier Uhr erzählte ein junger Polizist dem Polizeiwachtmeister in Dedcaster eine merkwürdige Geschichte.

»Das junge Mädchen hat einen ziemlichen Schrecken bekommen«, sagte er, »aber ihre Geschichte klingt durchaus glaubwürdig. Sollen wir die Sache nachprüfen? Was meinen Sie dazu?«

»Klingt verdächtig«, erwiderte der Wachtmeister. »Vielleicht ist es doch besser, wenn Sie mal nachsehen. Warten Sie, ich komme selbst mit. Eigentümliche Leute, diese Wispells.

Der Mann ist ein Künstler, nicht wahr? Das sind meistens lockere Vögel. Holen Sie den Wagen heraus, Blaycock, Sie können uns fahren.«

»Zum Kuckuck noch mal, was soll das denn heißen?« fragte Mr. Wispell, der aufrecht im Licht der Polizeilaterne stand. Er stützte sich auf seinen Spaten und wischte sich mit seiner erdbeschmutzten Hand den Schweiß von der Stirn. »Ist das unser Hausmädchen, das Sie da bei sich haben? Was hat sie auf dem Kerbholz? He? Was gestohlen? Wenn Sie das Silber eingesteckt haben, Sie kleiner Feger, dann können Sie was erleben!«

»Dieses junge Mädchen ist mit einer sonderbaren Geschichte zu uns gekommen, Mr. Wispell«, erklärte der Wachtmeister. »Ich möchte gern wissen, was Sie hier zu graben haben.«

Mr. Wispell lachte. »Was ich hier zu graben habe? Hören Sie, ich kann doch noch in meinem eigenen Garten graben, ohne daß Sie Ihre Nase hineinstecken!«

»Das verfängt bei uns nicht, Mr. Wispell. Dies ist ein Grab, das sieht man doch. Zum bloßen Zeitvertreib gräbt keiner mitten in der Nacht ein Grab in seinem Garten. Ich möchte dieses Grab geöffnet sehen. Was haben Sie darin? Sagen Sie die Wahrheit.«

»Im Augenblick ist niemand darin«, antwortete Mr. Wispell, »und ich wäre Ihnen sehr dankbar, wenn Sie etwas weniger Lärm machen würden. Meine Frau ist nicht ganz gesund, und mein Schwager hat gerade wieder einen Anfall gehabt. Wir müssen ihn unter Morphium halten. Und da kommen Sie mit Ihrem Gebrüll –«

»Was ist da in dem Sack?« unterbach ihn der junge Polizist.

Als sich die anderen neugierig vordrängten, stand Susan auf einmal dicht neben ihm, und er beruhigte sie, indem er ihr freundlich den Arm klopfte.

»In dem Sack?« Mr. Wispell lachte wieder. »Das ist Helen. Fügen Sie ihr keinen Schaden zu, ich flehe Sie an – wenn meine Tante –«

Der Wachtmeister hatte den Sack schon mit seinem Taschenmesser aufgeschlitzt. Das bleiche, aber sehr schmutzige Gesicht einer Frau schimmerte zu ihnen herauf. Ihre Augenlider waren mit Erde bedeckt.

»Marmor!« rief der Wachtmeister. »Nun schlägt's dreizehn!«

In diesem Augenblick hielt ein Auto vor dem Tor.

»Allmächtiger Himmel!« stieß Mr. Wispell hervor. »Wir sind erledigt! Schaffen Sie die Frau rasch ins Haus, Jarrock.«

»Einen Augenblick, Sir. Ich möchte erst mal wissen–«

Schritte kamen auf dem Kies näher. Mr. Wispell rang die Hände. »Zu spät!« stöhnte er.

Eine ältere, sehr große und kerzengerade Dame bog um die Hausecke.

»Was machst du denn hier draußen, Walter?« fragte sie mit durchdringender Stimme. »Polizei? Ein schönes Willkommen für deine Tante, das muß ich schon sagen. Und was... was hat mein Hochzeitsgeschenk hier im Garten zu suchen?« fügte sie hinzu, als ihr Blick auf die nackte Marmorfigur fiel.

»O Gott!« stöhnte Mr. Wispell. Resigniert warf er den Spaten hin und marschierte ins Haus.

»Ich fürchte«, sagte Mrs. Wispell, »Sie müssen Ihr Monatsgehalt nehmen und wieder gehen, Susan. Mr. Wispell ist sehr ärgerlich. Sehen Sie, diese Statue war nämlich so häßlich, daß er sie nicht im Haus haben wollte, und es war nicht möglich, sie zu verkaufen, da seine Tante jederzeit auftauchen konnte. Daher vergruben wir sie, und als Tante telegrafierte, mußten wir sie natürlich wieder ausgraben. Aber ich fürchte, sie wird das meinem Mann nie verzeihen und bestimmt ihr Testament ändern. Na, er ist jedenfalls sehr zornig, und ich verstehe auch nicht, wie Sie so töricht sein konnten.«

»Es tut mir bestimmt leid, gnädige Frau. Ich war etwas nervös –«

»Vielleicht«, krächzte Mrs. Jarrock, »war das arme Mädchen durch Jarrock aus der Fassung gebracht. Ich hätte ihr erklären sollen, daß er und der arme Mr. Alistair im Krieg eine Granatexplosion mitgemacht haben. Aber da ich an sein armes Gesicht gewöhnt bin und wir gerade die Aufregung mit Mr. Alistair hatten, habe ich nicht daran gedacht.«

Mr. Wispells Stimme dröhnte die Treppe herab. »Ist die dumme Gans endlich fort?«

Der junge Polizist legte Susan die Hand auf den Arm. Er hatte schöne braune Augen und lockiges Haar, und seine Stimme klang freundlich.

»Ich glaube, Miss«, meinte er, »Strupps ist nicht der richtige Platz für Sie. Am besten kommen Sie zu uns und essen mit meiner Mutter und mir zu Mittag.«

Die Entführung

»Das Haus, Señor?« sagte der Wirt der kleinen Posada. »Das Haus gehört dem amerikanischen Doktor, dessen Frau – alle Heiligen mögen uns beschützen – verhext ist.« Er bekreuzigte sich, und seine Frau und seine Tochter taten es ihm nach.

»Verhext, wirklich?« antwortete Langley freundlich. Er war Professor für Ethnologie und nicht zum erstenmal in den Pyrenäen. Doch nie zuvor war er bis zu einem so abgelegenen Ort wie diesem winzigen Weiler vorgedrungen, der sich wie eine Felsenpflanze hoch oben auf den narbigen Granitschultern des Berges festklammerte. Hier witterte er Material für sein Buch über baskische Volkskunde. Wenn er taktvoll vorging, konnte er vielleicht den alten Mann dazu bringen, seine Geschichte zu erzählen.

»Und in welcher Weise«, fragte er, »ist die Dame verhext?«

»Wer weiß es?« erwiderte der Wirt achselzuckend. »›Der Mann, der am Freitag Fragen stellte, wurde am Samstag begraben.‹ Will Euer Gnaden jetzt zu Abend essen?«

Langley verstand den Wink. Wenn er jetzt weiter drängte mit Fragen, würde er nur auf hartnäckiges Schweigen stoßen. Später, wenn sie ihn besser kannten, vielleicht…

Das Essen wurde ihm am Familientisch serviert – mit Öl zubereitetes, scharf gewürztes Schmorfleisch, das ihm so vertraut war, und herber roter Landwein. Seine Wirtsleute plauderten ungezwungen mit ihm in ihrem angestammten Baskisch, jener seltsamen Sprache, die auf der ganzen Erde kein Gegenstück besitzt und von der einige Leute behaupten, sie sei von unseren Ureltern im Paradies gesprochen worden. Sie redeten von dem schlimmen Winter und vom jungen Esteban Arramandy, der so stark und flink beim Pelota-Spiel gewesen war, von einem Felsbrocken getroffen wurde und sich nun an Krücken herumschleppte. Sie erzählten von drei wertvollen

Ziegen, die ein Bär geholt hatte, von Wolkenbrüchen, die nach einem trockenen Sommer die nackten Steinflanken des Gebirges freischwemmten.

Draußen regnete es jetzt, und der Wind heulte ungemütlich. Langley störte das nicht; er kannte und liebte dies spukerfüllte, unergründliche Land zu jeder Tages- und Jahreszeit. Hier, in der primitiven baskischen Bauernherberge, dachte er lächelnd an die eichengetäfelte Halle seines College in Cambridge, und hinter dem professoralen Zwicker glänzten seine Augen glücklich. Er war noch ein junger Mann, trotz seines Lehrstuhls und der Titelreihe vor seinem Namen. Seinen Kollegen an der Universität erschien es seltsam, daß dieser korrekte, steife, älter wirkende Mann seinen Urlaub damit zubrachte, Knoblauch zu essen und auf Maultierrücken steile Gebirgspfade hochzuklettern. »Man würde es nie für möglich halten«, sagten sie, »wenn man ihn ansieht.«

Es wurde an die Tür geklopft.

»Das ist Martha«, sagte die Wirtin.

Sie zog den Riegel zurück, Wind und Regen peitschten durch die Tür, daß die Kerze flackerte und tropfte. Eine kleine alte Frau wurde aus dem Nachtdunkel hereingeweht, ihr graues Haar quoll in Strähnen unter dem Kopftuch hervor.

»Komm herein, Martha, und ruh dich aus. Es ist eine schlimme Nacht. Da ist das Paket. Dominique hat es heute morgen aus der Stadt mitgebracht. Du mußt ein Glas Wein oder Milch trinken, bevor du wieder zurückgehst.«

Die alte Frau dankte und setzte sich schnaufend nieder.

»Und wie läuft alles im Haus? Dem Doktor geht's gut?«

»Ihm geht es gut.«

»Und *ihr*?«

Die Tochter fragte es flüsternd, und der Wirt schüttelte stirnrunzelnd den Kopf über sie.

»Wie immer zu dieser Zeit des Jahres. Es ist jetzt nur noch ein Monat bis zum Tag der Toten. Jesus Maria! Das ist ein arger Kummer für den Mann, aber er ist immer geduldig.«

»Er ist ein guter Mensch«, sagte Dominique, »und ein geschickter Doktor, doch ein Übel wie dies kann er nicht heilen. Du fürchtest dich nicht, Martha?«

»Warum sollte ich mich fürchten? Mir kann der Böse nichts zuleide tun. Ich habe weder Schönheit noch Klugheit noch Kraft, die ihn zum Neid reizen würden. Und die heilige Reliquie beschützt mich.«

Ihre runzligen Finger berührten etwas, das sie unterm Kleid auf der Brust trug.

»Ihr kommt von dem Haus da drüben?« fragte Langley.

Die Frau musterte ihn mißtrauisch.

»Der Señor stammt nicht aus unserem Land?«

»Der Señor ist unser Gast, Martha«, erwiderte eilig der Wirt. »Ein gelehrter Herr aus England. Er kennt unser Land und spricht unsere Sprache, das hörst du ja. Er hat viele Reisen in fremde Länder gemacht, wie der amerikanische Doktor, dein Dienstherr.«

»Wie heißt denn Euer Dienstherr?« fragte Langley. Es kam ihm der Gedanke, ein amerikanischer Doktor, der sich in diesem verlassenen Winkel Europas vergrub, müßte etwas Besonderes sein. Vielleicht war auch er ethnologisch interessiert. Wenn ja, konnten sie am Ende manche Dinge gemeinsam klären.

»Er heißt Wetherall.« Sie mußte den Namen mehrmals aussprechen, bevor Langley ihn richtig verstand.

»Wetherall? Doch nicht Standish Wetherall?«

Eine ungewöhnliche Erregung hatte ihn gepackt.

Der Wirt kam ihm zu Hilfe.

»Das Päckchen hier ist für ihn«, sagte er. »Sicher steht ein Name darauf.«

Es war ein kleines, sauber versiegeltes Paket, das den Firmenstempel einer Londoner Apotheke trug und an Herrn Dr. med. Standish Wetherall adressiert war.

»Lieber Himmel!« rief Langley, »das ist aber seltsam! Fast ein Wunder! Ich kenne diesen Mann. Und ich kannte auch seine Frau –«

Er brach ab. Wieder bekreuzigten sich alle.

»Erzählt mir«, bat er aufgeregt, alle Vorsicht vergessend.

»Ihr sagt, seine Frau sei verhext – leidend –, wie steht es damit? Ist das dieselbe Frau, die ich kenne? Beschreibt sie mir. Sie war groß, schön, hatte goldblondes Haar und blaue Augen wie die Madonna. Ist sie das?«

Zuerst schwiegen alle. Dann schüttelte die alte Frau den Kopf und sagte etwas Unverständliches; die Tochter aber flüsterte:

»Ja – es ist wahr. Einmal haben wir sie so gesehen, wie der Herr es schildert –«

»Sei still«, sagte ihr Vater.

»Señor«, Martha stand auf und schlug ihr Tuch um sich, »wir stehen alle in Gottes Hand.«

»Einen Augenblick«, sagte Langley. Er zog sein Notizbuch und kritzelte ein paar Zeilen auf einen Zettel. »Würdet Ihr diesen Brief Eurem Dienstherrn mitnehmen? Ich will ihm nur mitteilen, daß ich hier bin, ein alter Freund von früher, und ihn fragen, ob ich ihn besuchen darf. Das ist alles.«

»Euer Gnaden wollen doch nicht in dieses Haus gehen?« raunte der Wirt ängstlich.

»Wenn er mich nicht dort haben will, kommt er vielleicht zu mir hierher.« Langley fügte noch einen Satz hinzu und holte dann ein Geldstück aus der Tasche. »Wollt Ihr meine Botschaft überbringen?«

»Gern, gern. Aber der Señor wird vorsichtig sein? Vielleicht gehört Ihr, auch wenn Ihr Ausländer seid, zum rechten Glauben?«

»Ich bin ein Christ«, antwortete Langley.

Das schien sie zu befriedigen. Sie nahm den Brief und das Geld und verstaute beides mit dem Päckchen in einer Tasche ihres Kleides. Dann ging sie zur Tür, festen, raschen Schrittes trotz der gebeugten Schultern und ihres hohen Alters.

Langley blieb in Gedanken versunken zurück. Nichts hätte ihn mehr erstaunen können, als dem Namen Standish Wetherall hier an diesem Ort zu begegnen. Er hatte geglaubt, die Episode von damals, vor mehr als drei Jahren, sei beendet und abgetan. Ausgerechnet dieser glänzende Arzt auf dem Höhepunkt seines Lebens und seines Rufes und Alice Wetherall, diese schöne, goldblonde Frau, in diesen verlorenen Erdenwinkel verbannt? Sein Herz schlug ein wenig schneller bei dem Gedanken, daß er sie wiedersehen sollte. Vor drei Jahren hatte er gefunden, daß es wohl klüger sei, wenn er ihre porzellanzarte Lieblichkeit nicht allzuviel anschaue. Diese Torheit lag nun hinter ihm – aber immer noch konnte er sie sich nicht anders denken als vor dem Hintergrund des großen weißen Hauses in Riverside Drive, mit den Pfauen und dem Swimmingpool und dem goldglänzenden Turm mit dem Dachgarten. Wetherall war ein reicher Mann, der Sohn des alten Automobilmagnaten Hiram Wetherall. Was tat er hier?

Langley versuchte, sich an alles zu erinnern. Hiram Wetherall, so wußte er, war gestorben, und alles Geld gehörte Standish, denn der Alte hatte sonst keine Kinder gehabt. Es hatte Schwierigkeiten gegeben, als der einzige Sohn ein Mädchen ohne Familie oder Karriere heiratete, ein Mädchen, das er »irgendwo aus dem Westen« mitgebracht hatte. Man erzählte sich auch eine Geschichte, wie er sie Jahre zuvor als vernachlässigtes Waisenkind aufgefunden und von irgend etwas gerettet oder geheilt habe und dann für ihre Erziehung aufgekommen sei. Schließlich, als er ein Mann von vierzig und sie ein siebzehnjähriges Mädchen war, hatte er sie heimgebracht und geheiratet.

Und nun hatte er sein Haus und sein Geld und seine glänzende Facharztpraxis in New York aufgegeben und war ins Baskenland gekommen, lebte in einem Winkel, der so abseits lag, daß die Menschen noch an Schwarze Magie glaubten und höchstens ein paar Brocken schlechtes Französisch oder Spanisch sprachen, einem Winkel, der sogar im Vergleich zu den primitiven Verhältnissen der Umgebung wild und archaisch war. Langley bedauerte fast, daß er Wetherall geschrieben hatte. Es konnte ihm übelgenommen werden.

Der Wirt und seine Frau waren hinausgegangen, um nach dem Vieh zu sehen. Die Tochter saß nahe beim Feuer und besserte ein Kleid aus. Sie schaute ihn nicht an, aber er hatte das Gefühl, sie würde gern mit ihm sprechen.

»Erzähl mir, mein Kind«, begann er, »was ist das für ein

Unglück, das die Leute betroffen hat, die vermutlich alte Freunde von mir sind?«

»Oh.« Sie blickte rasch auf und beugte sich zu ihm hinüber, die Arme über die Näherei in ihrem Schoß gestreckt. »Señor, seid gewarnt! Geht nicht da hinauf! Niemand bleibt in diesem Haus zu dieser Zeit des Jahres, nur Tomaso, der nicht alle fünf Sinne beisammen hat, und die alte Martha, die –«

»Was?«

»Die eine Heilige ist – oder etwas anderes«, sagte sie hastig.

»Kind«, fing Langley wieder an, »diese Dame, als ich sie kannte –«

»Ich will es Euch erzählen«, sagte das Mädchen, »aber mein Vater darf nichts davon wissen. Der gute Doktor brachte sie im Juni vor drei Jahren hierher, und damals war sie so, wie Ihr sagt. Sie war schön, sie lachte und redete in ihrer Sprache – Spanisch oder Baskisch konnte sie nicht. Doch in der Nacht der Toten –«

Sie bekreuzigte sich.

»– in der Nacht vor Allerheiligen«, sagte Langley freundlich.

»Ja. Ich weiß nicht, was da geschah. Aber sie fiel in die Gewalt der Finsternis. Sie veränderte sich. Man hörte entsetzliche Schreie – ich kann es nicht erzählen. Und nach und nach wurde sie das, was sie jetzt ist. Niemand bekommt sie zu Gesicht außer Martha, und die will nicht sprechen. Aber die Leute sagen, es ist keine Frau mehr, was jetzt da oben lebt.«

»Wahnsinnig?« fragte Langley.

»Es ist kein Wahnsinn. Es ist – Zauber ... Am Ostertag vor zwei Jahren – kommt da mein Vater?«

»Nein, nein.«

»Die Sonne schien, und der Wind wehte vom Tal herauf. Wir hörten die Kirchenglocken den ganzen Tag. Am späten Abend klopfte es an die Tür. Mein Vater öffnete, und draußen stand jemand wie Unsere Liebe Frau selber, sehr blaß, wie das Bild in der Kirche, und mit einem blauen Tuch über dem Haar. Sie sprach, aber wir konnten nicht verstehen, was sie sagte. Sie weinte und rang die Hände und deutete auf den Pfad ins Tal, und mein Vater ging in den Stall und sattelte das Maultier. Ich dachte an die Flucht vor dem bösen König Herodes. Aber dann – kam der amerikanische Doktor. Er war schnell gerannt und ganz außer Atem. Und sie schrie, als sie ihn sah.«

Eine Welle von Entrüstung überschwemmte Langley. Wenn dieser Mensch brutal mit seiner Frau umging, mußte sofort etwas getan werden. Das Mädchen sprach rasch weiter.

»Er sagte – Jesus Maria! –, er sagte, seine Frau ist verhext. Um Ostern ist die Macht des Bösen gebrochen, sagte er, und dann versucht sie zu fliehen. Aber sobald die heilige Zeit vorüber ist, fällt der Bann wieder über sie, sagte er, und deshalb ist es gefährlich, sie gehen zu lassen. Meine Eltern waren erschrokken, daß sie etwas Verhextes berührt hatten. Sie holten Weihwasser und besprengten das Maultier, aber die Bosheit war in das arme Tier gefahren, und es trat meinen Vater, daß er einen Monat lang hinkte. Der Amerikaner nahm seine Frau mit sich fort, und wir sahen sie nie wieder. Sogar die alte Martha sieht sie nicht immer. Aber jedes Jahr wächst und schwindet die Macht des Bösen – am stärksten ist sie um Allerheiligen, und zu Ostern ist sie aufgehoben. Geht nicht in dies Haus, Señor, wenn Euch Eure Seele lieb ist! Pst! Sie kommen zurück!«

Langley hätte gern mehr gefragt, aber der Wirt warf einen raschen, argwöhnischen Blick auf das Mädchen. So nahm er seine Kerze und ging zu Bett.

Der nächste Tag brachte die Antwort auf seinen Brief:

Lieber Langley,

ja, ich bin es, und natürlich erinnere ich mich gut an Sie. Ich bin hocherfreut, wenn Sie kommen und unser Exil ein wenig aufheitern. Sie werden Alice etwas verändert finden, fürchte ich, aber ich will Ihnen die Schicksalsschläge, die uns getroffen haben, erklären, wenn wir uns sehen. Unser Haushalt ist beschränkt infolge einer gewissen abergläubischen Scheu vor der Leidenden, doch wenn Sie um halb acht Uhr heute abend kommen, können wir Ihnen mit einer guten Mahlzeit aufwarten. Martha wird Ihnen den Weg zeigen.

Herzlich, Ihr Standish Wetherall

Das Haus des Doktors war klein und alt. Es klebte auf halber Höhe am Berg, auf einer Art Felsenterrasse. Langley folgte seiner Führerin in den düsteren Raum mit einem großen Kamin am einen Ende; dicht vor das Feuer gerückt stand ein ausladender Ohrensessel. Martha murmelte eine Entschuldigung, humpelte davon und ließ ihn im Halbdunkel stehen. Die züngelnden Flammen des Holzfeuers erhellten da und dort ein wenig, und als Langleys Augen sich an die Beleuchtung gewöhnt hatten, sah er, daß in der Mitte des Raumes ein gedeckter Tisch stand und an den Wänden Bilder hingen. Eines davon schien ihm vertraut. Er trat näher und erkannte ein Porträt von Alice Wetherall, das er zuletzt in New York gesehen hatte. Es war von Sargent in einer seiner besten Stunden gemalt.

Plötzlich barst im Kamin ein Klotz und fiel funkensprühend zusammen. Als habe das Geräusch und der Lichtschein etwas aufgestört, vernahm er mit einemmal – oder bildete er es sich ein? – eine Bewegung in dem großen Lehnstuhl vor dem Feuer. Er ging ein paar Schritte darauf zu, dann blieb er stehen. Nichts war zu sehen, nur ein neues Geräusch, eine Art leises, tierhaftes Murmeln war zu hören. Es konnte nicht von einem Hund oder einer Katze stammen, dessen war er sicher. Es klang saugend oder schmatzend und wirkte auf ihn sonderbar ekelerregend. Dann folgte ein kurzes Grunzen oder Kreischen, und danach wurde es still.

Langley bewegte sich rückwärts auf die Tür zu. Er wußte bestimmt, daß irgend etwas mit ihm in diesem Raum war, dem zu begegnen er keine Lust verspürte. Der alberne Wunsch überkam ihn, einfach davonzulaufen. Das Eintreten Marthas hinderte ihn daran; sie trug eine große, altmodische Lampe, und hinter ihr erschien Wetherall, der ihn liebenswürdig begrüßte. Die vertrauten amerikanischen Laute vertrieben die unbehagliche Atmosphäre, die Langley empfunden hatte. Er streckte herzlich die Hand aus.

»So eine Überraschung, *Sie* hier zu treffen!« sagte er.

»Die Welt ist sehr klein«, antwortete Wetherall. »Ich fürchte, das ist ein immer wieder strapazierter Gemeinplatz, aber ich freue mich wirklich, Sie zu sehen«, setzte er mit einigem Nachdruck hinzu.

Die alte Frau hatte die Lampe auf den Tisch gestellt und fragte nun, ob sie das Essen bringen solle. Wetherall bejahte und fügte noch ein paar Worte in einem Gemisch aus Spanisch und Baskisch hinzu, das sie ganz gut zu verstehen schien.

»Ich wußte nicht, daß Sie im Baskischen bewandert sind«, sagte Langley.

»Ach, man schnappt es auf. Die Leute sprechen ja nichts anderes. Aber natürlich, Baskisch ist Ihre Spezialität, nicht wahr?«

»O ja.«

»Ich nehme an, man hat Ihnen einige eigenartige Dinge über uns erzählt. Aber darauf kommen wir später. Ich habe es fertiggebracht, das Haus hier einigermaßen behaglich zu machen, wenn ich auch noch ein paar moderne Annehmlichkeiten brauchen könnte. Aber immerhin, es sagt uns zu.«

Langley ergriff die Gelegenheit und murmelte eine Frage nach Mrs. Wetherall.

»Alice? Ach ja, ich vergaß – Sie haben sie noch nicht gesehen.« Er blickte Langley scharf an, dabei lag ein schwaches Lächeln auf seinem Gesicht. »Ich hätte Sie warnen sollen. Sie waren... ein ziemlicher Bewunderer meiner Frau in alten Zeiten.«

»Wie jedermann«, sagte Langley.

»Sicher. Nicht weiter erstaunlich, nicht wahr? Und hier kommt das Essen. Stell es hin, Martha, wir klingeln, wenn wir fertig sind.«

Die alte Frau setzte ein Tablett auf dem mit Gläsern und Silber hübsch gedeckten Tisch ab und ging hinaus. Wetherall trat auf den Kamin zu, die Augen sonderbar starr auf Langley geheftet. Dann sagte er, zum Lehnsessel gewandt:

»Alice, steh auf, meine Liebe, und begrüße einen alten Verehrer. Komm. Ihr werdet beide eure Freude daran haben. Steh auf.«

Etwas scharrte und winselte zwischen den Polstern. Wetherall verbeugte sich mit übertrieben höflicher Miene und stellte das Etwas auf die Beine. Und dann trat es Langley im Lampenlicht gegenüber.

Es trug ein kostbares Kleid aus goldfarbener Seide und Spitze, das zerknüllt und faltig um den dicken, schlaffen Körper hing. Das Gesicht war weiß und gedunsen, der Blick leer, der Mund stand töricht offen, kleine Speicheltropfen rannen aus den Winkeln herab. Eine trockene rostfarbene Strähne klebte auf dem kahlen Schädel wie die toten Haarbüschel auf dem Kopf einer Mumie.

»Komm, mein Liebes, sag Mr. Langley guten Tag.«

Das Wesen blinzelte und stieß ein paar unmenschliche Laute aus. Wetherall schob seine Hand unter den Arm des Geschöpfes, und es streckte langsam eine leblose, tierähnliche Klaue aus.

»Da, sie erkennt Sie. Ich dachte es mir. Gib ihm die Hand, meine Liebe.«

Langley wurde von Übelkeit gewürgt, als er die schlaffe Hand erfaßte. Sie fühlte sich feuchtkalt und rauh an und erwiderte seinen Druck nicht. Er ließ sie los; einen Augenblick tappte sie unsicher ins Leere, dann fiel sie herab.

»Ich fürchtete, Sie würden aus der Fassung geraten«, sagte Wetherall, der ihn aufmerksam beobachtete. »Ich habe mich daran gewöhnt, und es berührt mich nicht mehr so wie einen Außenstehenden. Zwar sind Sie kein Außenstehender – alles andere als das –, nicht? Vorzeitige Senilität ist, glaube ich, die laienhafte Bezeichnung für dieses Phänomen. Erschütternd, natürlich, wenn man es nie zuvor gesehen hat. Sie brauchen im übrigen nicht darauf zu achten, was Sie sprechen. Sie versteht nichts.«

»Wie ist das geschehen?«

»Ich weiß es nicht genau. Es kam nach und nach. Ich zog selbstverständlich die besten Ärzte zu Rate, aber es war nichts zu machen. So kamen wir hierher. Ich legte keinen Wert darauf, daß sich das alles zu Hause abspielte, wo uns jeder kennt. Und der Gedanke an einen Sanatoriumaufenthalt sagte mir nicht zu. Alice ist meine Frau, wissen Sie – in kranken und gesunden Tagen, in Freud und Leid und wie es sonst noch heißt. Aber kommen Sie, das Essen wird kalt.«

Er ging zum Tisch, seine Frau wie ein Kind führend. Ihre trüben Augen schienen beim Anblick der vollen Schüsseln ein wenig aufzuleuchten.

»Setz dich, meine Liebe, und iß hübsch zu Abend. Sie versteht mich, sehen Sie? Sie entschuldigen wohl ihre Tischmanieren; sie sind nicht schön, aber man gewöhnt sich daran.«

Er knotete dem Wesen eine Serviette um den Hals und schöpfte ihm Essen in einen tiefen Napf, der vor ihm stand. Sie fiel hungrig darüber her, sabbernd und gierig scharrte sie es mit den Fingern zusammen und beschmierte sich Gesicht und Hände mit der fettigen Soße.

Wetherall nötigte seinen Gast auf den Stuhl gegenüber seiner Frau. Ihr Anblick erfüllte Langley mit einer Mischung aus Abscheu und Faszination.

Das Essen – eine Art Wildragout – war köstlich zubereitet, aber Langley verspürte keinen Appetit. Das Ganze war ein Frevel, an der armen Frau und an ihm. Sie saß direkt unter dem Sargent-Porträt, und seine Augen wanderten hilflos von dem Bild zu ihr und wieder zurück.

»Ja«, sagte Wetherall, der seinem Blick gefolgt war, »das ist ein Unterschied, nicht wahr?« Er selbst aß herzhaft und schien sein Abendbrot sichtlich zu genießen. »Die Natur spielt uns üble Streiche.«

»Ist es immer so wie jetzt?«

»Nein, heute hat sie einen ihrer schlechten Tage. Zuzeiten ist sie – beinahe menschlich. Natürlich wissen die Leute hier nicht, was sie von all dem halten sollen. Sie legen sich für dieses sehr einfache medizinische Phänomen ihre eigene Erklärung zurecht.«

»Gibt es irgendwelche Hoffnung auf eine Genesung?«

»Ich fürchte, nein – nicht auf eine dauerhafte Heilung. Aber Sie essen ja nichts.«

»Ich – nun, Wetherall, es war doch ein Schlag für mich.«

»Selbstverständlich. Versuchen Sie ein Glas Burgunder. Ich

hätte Sie nicht herbitten sollen, aber – ich gestehe – der Gedanke, wieder einmal mit einem gebildeten Menschen zu sprechen, verlockte mich.«

»Es muß schrecklich sein für Sie.«

»Ich habe mich damit abgefunden. Ah, unartiges Kind!« Die Schwachsinnige hatte den halben Napfinhalt über den Tisch gegossen. Wetherall versuchte geduldig, das Unheil wiedergutzumachen. Dann fuhr er fort:

»Ich kann es hier besser ertragen, in dieser wilden Gegend, wo alles möglich und nichts unnatürlich erscheint. Meine Angehörigen sind alle tot, so hinderte mich nichts daran, die Dinge zu regeln, wie ich es wollte.«

»Und was ist mit Ihrem Besitz in den Vereinigten Staaten?«

»Oh, von Zeit zu Zeit fahre ich hinüber, um nach dem Rechten zu sehen. Nächsten Monat muß ich wieder hin. Ich bin froh, daß Sie mich angetroffen haben. Niemand drüben weiß natürlich, wie es um uns steht. Sie wissen nur, daß wir in Europa leben.«

»Haben Sie einen amerikanischen Arzt konsultiert?«

»Nein. Wir waren in Paris, als sich die ersten Symptome bemerkbar machten. Das war kurz nach Ihrem Besuch bei uns.«

Eine plötzliche Gefühlsregung, die Langley nicht benennen konnte, verlieh den Augen des Doktors vorübergehend einen unheimlichen Ausdruck. »Der beste Spezialist auf dem Kontinent bestätigte meine eigene Diagnose. So kamen wir hierher.«

Er klingelte nach Martha; sie räumte das Ragout ab und stellte einen Pudding auf den Tisch.

»Martha ist meine rechte Hand«, bemerkte Wetherall. »Ich weiß nicht, was wir ohne sie tun sollten. Wenn ich fort bin, sorgt sie für Alice wie eine Mutter. Nicht daß man viel für sie tun könnte, außer daß man sie ernährt und warm und sauber hält – und das letztere ist wahrhaftig eine Aufgabe!«

Sein Ton wirkte auf Langley verletzend. Wetherall spürte seine Zurückhaltung und sagte:

»Ich will Ihnen nicht verhehlen, daß es mir manchmal auf

die Nerven geht. Aber ich kann es nicht ändern. Erzählen Sie mir von sich. Worüber haben Sie zuletzt gearbeitet?«

Langley antwortete so ungezwungen, wie er konnte, und sie sprachen über gleichgültige Dinge, bis das bedauernswerte Wesen, das einst Alice Wetherall gewesen war, ärgerlich zu murmeln und zu greinen begann und von seinem Stuhl kroch.

»Sie friert«, sagte Wetherall. »Geh zurück ans Feuer, meine Liebe.«

Er beförderte sie munter zum Kamin, und sie sank wieder in ihren Lehnsessel, kauerte sich zusammen, wimmerte leise und hielt die Hände ans Feuer. Wetherall brachte Brandy und eine Kiste Zigarren.

»Es gelingt mir immer noch, mit der Welt in Kontakt zu bleiben, wie Sie sehen«, sagte er. »Das wird mir aus London geschickt. Und ich bekomme die neuesten medizinischen Zeitschriften und Forschungsberichte. Ich sitze an einem Buch, wissen Sie, über mein Fachgebiet; so vegetiere ich nicht nur. Ich kann auch experimentieren – Platz genug für ein Laboratorium ist da, und es gibt keine Gesetze gegen Vivisektion, die einen stören. Ein angenehmes Land zum Arbeiten. Bleiben Sie länger hier?«

»Ich glaube, nicht sehr lange.«

»Oh, wenn Sie länger hiergeblieben wären, hätte ich Ihnen mein Haus angeboten, solange ich weg bin. Sie hätten es hier bequemer als in der Posada, und es würde mich nicht beunruhigen, wenn ich Sie mit meiner Frau allein wüßte – unter diesen besonderen Umständen.«

Er betonte die letzten Worte und lachte. Langley wußte kaum, was er sagen sollte. »Wirklich, Wetherall –«

»Obwohl diese Aussicht *Sie* früher mehr und *mich* weniger gefreut hätte. Ich glaube, Langley, es gab eine Zeit, da wären Sie bis an die Decke gesprungen bei der Vorstellung, allein mit – meiner Frau zu leben.«

Langley fuhr hoch.

»Was, zum Teufel, wollen Sie damit sagen?«

»Nichts, nichts. Ich dachte nur gerade an den Nachmittag, als Sie mit ihr zu einem Picknick davonwanderten und sich verirrten. Sie erinnern sich? Ja, ich dachte es mir.«

»Das ist ungeheuerlich«, gab Langley scharf zurück. »Wie können Sie es wagen, solche Dinge zu sagen – vor diesem armen Geschöpf, das hier sitzt!«

»Ja, ein armes Geschöpf. Du bist jetzt armselig anzusehen, nicht wahr, mein Kätzchen?«

»Sie Teufel!« rief Langley. »Sie fürchtet sich vor Ihnen. Was haben Sie ihr getan? Wie kam sie in diesen Zustand? Ich verlange Auskunft!«

»Sachte!« antwortete Wetherall. »Ich kann Ihnen Ihre natürliche Erregung, daß Sie sie in diesem Zustand fanden, zugute halten, aber ich kann nicht dulden, daß Sie zwischen mich und meine Frau treten. Was sind Sie für ein treuer Anbeter, Langley! Ich glaube, Sie möchten sie immer noch haben – so wie einst, als Sie dachten, ich sei dumm und blind. Nun, haben Sie Absichten auf meine Frau, Langley? Möchten Sie sie küssen, streicheln, mit ihr ins Bett gehen – mit meiner schönen Frau?«

Langley sah rot. Ungeschickt schlug er mit der geballten Faust in das höhnische Gesicht. Wetherall faßte seinen Arm, doch er riß sich los, Panik ergriff ihn. Er stolperte gegen Möbelstücke und stürzte hinaus. Hinter sich hörte er Wetherall leise lachen.

Der Zug nach Paris war voll. Langley, der im letzten Augenblick aufgesprungen war, fand sich dazu verurteilt, im Gang zu reisen. Er setzte sich auf einen Koffer und versuchte nachzudenken. Auf seiner wilden Flucht war er unfähig gewesen, seine Gedanken zu sammeln. Selbst jetzt wußte er nicht genau, wovor er geflohen war. Er vergrub das Gesicht in den Händen.

»Entschuldigen Sie«, sagte eine höfliche Stimme.

Langley blickte auf. Ein sympathischer Mann im grauen Anzug sah durch ein Monokel auf ihn herab.

»Tut mir schrecklich leid, daß ich Sie störe«, fuhr der sympathische Mann fort. »Ich versuche bloß, in mein famoses

Standquartier zurückzutorkeln. Gräßlich voll hier, nicht? Kann mich nicht erinnern, wann ich meinen Mitmenschen weniger zugetan gewesen wäre. Ich finde, Sie sehen auch nicht gerade sehr mobil aus. Würden Sie nicht auf etwas anderem bequemer sitzen?«

Langley erklärte, daß er keinen Sitzplatz mehr bekommen habe. Der sympathische Mann musterte einen Augenblick sein angegriffenes Gesicht und sagte dann:

»Hören Sie, warum kommen Sie nicht mit mir und legen sich ein bißchen hin in meinem Abteil? Haben Sie schon etwas im Magen? Nein? Das ist ein Fehler. Los, kommen Sie mit mir, dann wollen wir einen Löffel Suppe und was dazugehört ergattern. Entschuldigen Sie, wenn ich davon spreche, aber Sie sehen aus, als wäre Ihnen etwas in die Quere gekommen. Geht mich natürlich nichts an, aber Sie sollten etwas essen.«

Langley fühlte sich zu schwach und elend, um zu protestieren. Gehorsam stolperte er den Gang entlang, bis er in ein Schlafwagenabteil erster Klasse geschoben wurde, wo ein äußerst korrekt wirkender Diener einen malvenfarbenen Seidenschlafanzug und silberne Toilettenutensilien auspackte.

»Dieser Herr fühlt sich ein wenig flau, Bunter«, sagte der Mann mit dem Monokel. »Deshalb habe ich ihn mitgenommen, damit er sein Haupt an Ihrer Brust ausruht. Schnappen Sie sich den Küchenbullen und lassen Sie eine Terrine Suppe und eine Flasche mit etwas Trinkbarem anschwirren.«

»Sehr wohl, Mylord.«

Langley ließ sich erschöpft aufs Bett fallen, doch als das Essen erschien, aß und trank er gierig. Er konnte sich nicht erinnern, wann er zuletzt etwas zu sich genommen hatte.

»Wirklich«, sagte er, »das hat mir gefehlt. Es ist riesig nett von Ihnen, und es tut mir leid, daß ich so verstört erscheine. Aber ich habe eine Art Schock hinter mir.«

»Erzählen Sie es mir«, sagte der Fremde liebenswürdig.

Er sah nicht besonders intelligent aus, aber er schien freundlich und, vor allem, normal zu sein. Langley fragte sich, wie seine Geschichte wohl klingen würde.

»Ich bin Ihnen völlig fremd«, begann er.

»Und ich Ihnen«, sagte der sympathische Mann. »Der Hauptvorzug fremder Leute liegt darin, daß man ihnen manches leichter erzählen kann. Finden Sie nicht auch?«

»Ich möchte –«, begann Langley von neuem. »Um die Wahrheit zu sagen: ich bin vor etwas davongelaufen. Es ist eine seltsame Geschichte – es ist –, aber was hat es für einen Sinn, wenn ich Sie damit behellige?«

Der sympathische Mann setzte sich neben ihn und legte seine schmale Hand auf Langleys Arm.

»Einen Augenblick«, sagte er. »Erzählen Sie mir nichts, wenn Sie es lieber nicht möchten. Aber mein Name ist Wimsey – Lord Peter Wimsey –, und ich interessiere mich für seltsame Geschichten.«

Es war Mitte November, als ein seltsamer Mann ins Dorf kam. Er war dünn, blaß und schweigsam, eine große schwarze Kapuze hing ihm übers Gesicht, und von Anfang an umgab ihn etwas Geheimnisvolles. Er nahm nicht in der Dorfherberge Wohnung, sondern in einer verfallenen Hütte hoch oben am Berg; fünf Maultierladungen mysteriöser Gepäckstücke und einen Diener brachte er mit. Der Diener wirkte fast ebenso unheimlich wie sein Herr. Er war Spanier und konnte genug Baskisch, um, wenn nötig, seinem Brotgeber als Dolmetscher zu dienen. Aber er sprach wenig, sah düster und streng drein, und die kurzen Informationen, zu denen er sich herabließ, erregten größte Unruhe. Sein Herr, so sagte er, sei ein Weiser, er verbringe seine Zeit mit Bücherlesen, esse kein Fleisch, komme aus einem unbekannten Land, spreche die Sprache der Apostel und habe mit dem heiligen Lazarus nach seiner Rückkehr aus dem Grab geredet; und wenn er nachts allein in seinem Zimmer sitze, kämen die Engel Gottes und unterhielten sich mit ihm in himmlischen Wohllauten.

Das waren erschreckende Neuigkeiten. Die paar Dutzend Dörfler mieden die kleine Hütte, vor allem zur Nachtzeit, und wenn der blasse Fremde in seinem faltigen schwarzen Gewand, eins seiner Zauberbücher unter dem Arm, auf dem

Bergpfad gesichtet wurde, schubsten die Mütter ihre Kinder ins Haus und bekreuzigten sich.

Dennoch war es ein Kind, das als erstes die persönliche Bekanntschaft des Zauberers machte. Der kleine Sohn der Witwe Etcheverry, ein unerschrockener, neugieriger Junge, wagte sich eines Abends in die unheimliche Gegend. Zwei Stunden lang war er verschwunden; während dieser Zeit hatte seine Mutter, halb von Sinnen vor Angst, die Nachbarn zusammengerufen und nach dem Priester geschickt, der aber unglücklicherweise in der Stadt war. Plötzlich tauchte das Kind wieder auf und wußte eine wunderbare Geschichte zu erzählen.

Der Junge war bis dicht an das Haus des Zauberers geschlichen und auf einen Baum geklettert, um den Fremden zu belauschen. Und er sah Licht im Fenster und merkwürdige Gestalten und Schatten im Zimmer kommen und gehen. Und dann ertönte Musik, so hinreißend schön, als ob alle Sterne auf einmal singen würden. Dann ging die Tür der Hütte auf und der Hexenmeister kam heraus und mit ihm eine ganze Schar Hausgeister. Einer von ihnen hatte Flügel wie ein Seraph und sprach in einer unbekannten Zunge, und ein anderer sah aus wie ein winziger Mensch; er hatte ein schwarzes Gesicht und einen weißen Bart und saß dem Zauberer auf den Schultern und flüsterte ihm ins Ohr. Und die himmlische Musik erklang immer lauter und lauter. Und der Hexenmeister trug mit einemmal eine blasse Flamme um den Kopf wie die Bilder der Heiligen. Darüber erschrak der Junge sehr und wünschte, er wäre nicht hierhingekommen, aber der kleine Zwergengeist hatte ihn entdeckt und sprang ihm nach in den Baum. Der Junge wollte höher hinauf, aber der Zwerg kletterte hinter ihm her, und da rutschte der Junge aus und fiel hinunter.

Dann war der Hexenmeister gekommen und hatte ihn aufgehoben und fremdartige Worte zu ihm gesprochen, und die schmerzenden Stellen, wo er sich gestoßen hatte, taten sofort nicht mehr weh, und dann nahm ihn der Zauberer mit ins Haus. Drinnen war es wie im Himmel, alles Gold und Glanz.

Und die Hausgeister setzten sich neben das Feuer – es waren neun an der Zahl –, und die Musik hatte aufgehört. Aber der Diener des Hexenmeisters brachte ihm wunderbare Früchte auf einer silbernen Schale – wie Paradiesfrüchte waren sie, sehr süß und köstlich, und er aß sie und trank ein seltsames Getränk aus einem mit roten und blauen Edelsteinen besetzten Kelch. O ja – und an der Wand war ein großes Kruzifix, ganz groß, und davor brannte eine Lampe, und es roch eigentümlich süß, wie zu Ostern in der Kirche.

Und dann fragte ihn der Diener über sich und seine Familie aus, und er erzählte ihm vom Tod der schwarzen Geiß und vom Freund seiner Schwester, der sie sitzengelassen hatte, weil sie nicht so reich war wie die Tochter des Krämers. Daraufhin sprachen der Hexenmeister und sein Diener miteinander und lachten, und der Diener sagte: »Mein Herr läßt deiner Schwester ausrichten: wo keine Liebe ist, ist auch kein Wohlstand, aber wer mutig ist zu bitten, wird Gold empfangen.« Und damit streckte der Zauberer seine Hand aus und nahm aus der Luft – ja, einfach aus der leeren Luft – eins, zwei, drei, vier, fünf Goldstücke und gab sie ihm. Und er hatte Angst, sie zu nehmen, bis der Mann das Kreuzzeichen darüber gemacht hatte, und als sie dann nicht verschwanden oder sich in feurige Schlangen verwandelten, nahm er sie, und hier war das Geld!

Die Goldstücke wurden untersucht und bewundert, mit Furcht und Zittern, und schließlich, auf den Rat des Großvaters, unter die Füße des Bildes Unserer Lieben Frau gelegt, nachdem man sie mit Weihwasser besprengt hatte. Am nächsten Morgen waren sie noch immer da, und so zeigte man sie dem Priester, der – verspätet und aufgeregt dem Ruf des gestrigen Abends folgend – zu den Etcheverrys kam. Er erklärte, es handle sich um echte Münzen, und wenn man eins der Geldstücke der Kirche geweiht habe, könne der Rest ohne Gefahr für die Seele weltlichen Zwecken zugeführt werden. Worauf der Padre sich eiligst auf den Weg machte zur Hütte des Hexenmeisters und nach einer Stunde voll guter Nachrichten zurückkehrte.

»Nein, meine Kinder«, sagte er, »das ist kein böser Zauberer, sondern ein christlicher Mann, der die Sprache des rechten Glaubens spricht. Er und ich haben miteinander recht erbaulich geredet. Überdies hat er einen sehr guten Wein und ist überhaupt eine sehr würdige Persönlichkeit. Ich konnte auch keine Hausgeister oder Feuererscheinungen bemerken, aber es stimmt, daß ein Kruzifix an der Wand hängt, und er hat ein sehr hübsches Neues Testament mit Bildern in Gold und allen möglichen Farben. Benedicite, meine Kinder. Das ist ein guter und gelehrter Mann.«

Damit machte er sich wieder auf den Weg zum Pfarrhaus. Und in diesem Winter bekam die Kapelle Unserer Lieben Frau eine neue Altardecke.

Von da an drängte sich jeden Abend ein Schwarm Leute in sicherer Entfernung, um die Musik zu hören, die aus den Fenstern des Zauberers tönte, und von Zeit zu Zeit schlichen sich ein paar Beherzte so dicht heran, daß sie durch die Ritzen der Läden spähen und einen Blick auf die Wunder im Innern der Hütte werfen konnten.

Der Hexenmeister wohnte etwa einen Monat im Dorf, als er eines Abends beim Essen saß und sich mit seinem Diener unterhielt. Die schwarze Kapuze war zurückgeschlagen und enthüllte einen schmalen Kopf mit blondem Haar und humorvolle graue Augen unter schweren Lidern. Neben ihm auf dem Tisch stand ein Glas Cockburn 1908, und von der Lehne seines Stuhls starrte ein rot-grüner Papagei unbewegt ins Feuer.

»Die Zeit vergeht, Juan«, sagte der Zauberer. »Das ist alles recht vergnüglich – aber hat es irgendeine Wirkung auf die alte Dame?«

»Ich denke schon, Mylord. Ich habe hier und da ein Wort fallenlassen über Wunderheilungen. Ich glaube, sie wird kommen. Vielleicht sogar heute abend.«

»Gott sei Dank! Ich will die Sache erledigen, bevor Wetherall zurückkommt, sonst könnten wir in Schwierigkeiten geraten. Sie wissen, wir brauchen ein paar Wochen, bis wir reisen können. Verdammt, was ist das?«

Juan stand auf und ging in den Nebenraum; gleich darauf kam er mit einem Makiäffchen zurück.

»Micky hat mit Ihren Haarbürsten gespielt«, sagte er nachsichtig. »Unartige Micky, sei still! Sind Sie für ein kleines Training bereit, Mylord?«

»O ja, gern! Ich werde langsam schon ein richtiger Fachmann in diesem Geschäft. Wenn alles andere schiefgeht, bewerbe ich mich um ein Engagement in einem Varieté.«

Juan lachte und zeigte die weißen Zähne. Er brachte eine Anzahl Billardkugeln, Münzen und andere Zauberkünstlerutensilien zum Vorschein; elegant ließ er sie im Gehen unsichtbar werden oder sich vervielfachen. Der andere übernahm sie von ihm, und die Trainingsstunde begann.

»Pst!« sagte der Hexenmeister, als er eben eine Kugel wieder einfing, die ihm beim Verschwindenlassen aus den Fingern geglitten war. »Es kommt jemand den Pfad herauf.«

Er zog sich die Kapuze ins Gesicht und schlüpfte leise in den Nebenraum. Juan grinste, nahm Karaffe und Gläser vom Tisch und löschte die Lampe. Im Schein des Kaminfeuers leuchteten die Augen des Äffchens, das sich an der Rückenlehne des Stuhls festklammerte. Juan zog einen dicken Folianten aus dem Regal, legte ein Räucherstäbchen in ein seltsam geformtes Kupfergefäß und schob einen schweren Eisenkessel aufs Feuer. Da klopfte es. Er öffnete, das Äffchen folgte ihm auf den Fersen.

»Wen sucht Ihr, Mutter?« fragte er auf baskisch.

»Ist der Weise zu Hause?«

»Sein Leib ist zu Hause, Mutter, sein Geist pflegt Umgang mit dem Unsichtbaren. Kommt herein. Was wollt Ihr von uns?«

»Ich bin gekommen, wie ich gesagt habe – oh, Maria! Ist das ein Geist?«

»Gott schuf Geister und auch Leiber. Kommt herein und fürchtet Euch nicht.«

Die alte Frau trat zitternd näher.

»Habt Ihr mit Ihm gesprochen über das, was ich Euch erzählte?«

»Ich habe es getan. Ich legte ihm die Krankheit Eurer Herrin dar, die Leiden ihres Gatten – alles.«

»Was sagte er?«

»Nichts; er las in seinem Buch.«

»Meint Ihr, er kann sie heilen?«

»Ich weiß es nicht. Es ist ein starker Zauber; aber mein Herr ist mächtig.«

»Wird er mich empfangen?«

»Ich will ihn fragen. Bleibt hier, und hütet Euch, Furcht zu zeigen, was sich auch ereignen mag.«

»Ich werde tapfer sein«, sagte die alte Frau und tastete nach ihrem Rosenkranz.

Juan entfernte sich. Das Warten spannte die Nerven bis zum Zerreißen. Das Äffchen war wieder auf die Stuhllehne geklettert und schaukelte zähnefletschend zwischen den tanzenden Schatten. Der Papagei reckte den Kopf und krächzte aus seiner Ecke ein paar Worte. Ein duftender Dampf begann aus dem Kessel aufzusteigen. Dann tauchten langsam, verstohlen, in dem rötlichen Licht drei, vier, sieben weiße Gestalten auf und setzten sich im Kreis um die Feuerstelle nieder. Und eine feine Musik erklang, die meilenweit herzukommen schien. Die Flammen flackerten und fielen zusammen. An der Wand stand ein hoher Kasten mit Goldfiguren, die sich in dem wechselnden Feuerschein zu bewegen schienen.

Und dann sang aus dem Dunkel eine fremde Stimme mit unirdischen Lauten, die schluchzten und drohten.

Marthas Knie gaben nach. Sie sank nieder. Die sieben weißen Katzen standen auf, streckten sich und schlichen sacht an sie heran. Sie sah auf und erblickte den Hexenmeister, der vor ihr stand, in der einen Hand ein Buch, in der anderen einen silbernen Stab. Der obere Teil seines Gesichts war verborgen, doch sie sah, wie sich seine blassen Lippen bewegten, und schon sprach er mit tiefer, rauher Stimme, die feierlich in dem düsteren Raum widerklang:

»ὦ πέπον, εἰ μὲν γὰρ, πόλεμον περὶ τόνεε
φυγόντε, αἰεὶ δὴ μέλλοιμεν άγήρω τ'ἀθανάτω τε

ἔσσεθ', οὔτε κεν αὐτὸς ἐνὶ πρώτοισί μαχοίμην,
οὔτε κὲ σε στέλλοιμι μάχην ἐς κυδιάνειραν...«

Die Rhythmen rollten dahin. Dann hielt der Hexenmeister inne und fügte in freundlicherem Tonfall hinzu:

»Große Sache, dieser Homer! ›Er donnert, als ob er Teufel beschwöre.‹ Was tue ich jetzt?«

Der Diener war zurückgekommen und flüsterte Martha ins Ohr:

»Sprecht! Der Meister ist bereit, Euch zu helfen.«

Stammelnd brachte Martha ihr Anliegen vor. Sie sei gekommen, den weisen Mann zu bitten, daß er ihrer Herrin helfen möge, die unter einem Zauberbann stehe. Sie habe auch ein Geschenk mitgebracht – das Beste, was sie habe finden können, denn sie habe nichts von ihres Herrn Eigentum wegnehmen wollen, während er fort sei. Aber hier habe sie einen Silberpfennig, einen Haferkuchen und eine Flasche Wein.

Der Weise legte sein Buch beiseite, nahm den Silberpfennig feierlich entgegen, verwandelte ihn in sechs Goldstücke und tat die Gabe auf den Tisch. Bei dem Haferkuchen und dem Wein zeigte er eine leichte Unschlüssigkeit, doch schließlich murmelte er: »Ergo omnis longo solvit se Teucria luctu« (eine Zeile, die für ihr ernstes, spondeisches Silbenmaß allgemein bekannt ist). Dabei verwandelte er das eine in ein Taubenpaar, das andere in einen seltsamen kleinen Kristallbaum in einem Metalltopf und stellte beides neben die Münzen. Martha fielen fast die Augen aus dem Kopf, doch Juan flüsterte aufmunternd: »Die gute Absicht gibt dem Geschenk Wert. Der Meister ist erfreut. Pst!«

Die Musik endete mit einem langen Akkord. Der Zauberer trug mit schöner Akkuratesse noch etwa eine Seite aus Homers Schiffskatalog vor, hob dann die lange, weiße, mit antiken Ringen beladene Hand aus den Falten seines Gewandes und holte aus der Luft eine kleine Schachtel aus glänzendem Metall, die er der Bittstellerin reichte.

»Der Meister sagt«, erläuterte ihr leise der Diener, »Ihr sollt diese Schachtel nehmen und Eurer Herrin zu jeder Mahlzeit eine der Oblaten geben, die in der Schachtel sind. Wenn sie alle aufgebraucht sind, kommt wieder hierher. Und vergeßt nicht, morgens und abends drei Ave und drei Paternoster zu beten für die Heilung Eurer Herrin. So mag die Kur, durch Glauben und Sorgfalt, zum guten Ende geführt werden.«

Martha nahm die Schachtel mit zitternden Händen.

»Tendebantque manus repae ulterioris amore«, sagte der Hexenmeister mit großem Nachdruck. »Polyphloisboio Thalases. Non plus ultra. Valete, plaudite.«

Er schritt ins Dunkel davon, und die Audienz war vorüber.

»Wirkt es?« fragte der Zauberer fünf Wochen später Juan. Inzwischen waren fünf weitere Lieferungen von Zauberoblaten in das finstere Haus am Berg gewandert.

»Es wirkt«, antwortete Juan. »Die Intelligenz kehrt zurück, der Körper kräftigt sich, und das Haar wächst wieder.«

»Gott sei Dank! Es war ein Schuß ins Dunkel, Juan, und selbst jetzt kann ich kaum glauben, daß irgendein Mensch auf der Welt sich solch einen teuflischen Streich ausdenken konnte. Wann kommt Wetherall zurück?«

»In drei Wochen etwa.«

»Dann wollen wir unser großes Finale für heute in vierzehn Tagen festsetzen. Sorgen Sie dafür, daß die Maultiere bereitstehen, und gehen Sie in die Stadt hinunter und senden Sie Nachricht an die Jacht.«

»Ja, Mylord.«

»So haben Sie dann eine Woche Zeit, um mit der Menage und dem Gepäck zurechtzukommen. Und – wie steht's mit Martha? Meinen Sie, es ist gefährlich, sie zurückzulassen?«

»Ich will versuchen, sie zu überreden, daß sie mitkommt.«

»Tun Sie das. Es wäre mir arg, wenn ihr etwas zustieße. Der Mann ist ein krimineller Irrer. Oh, mein Gott, wie werde ich froh sein, wenn das vorbei ist! Ich möchte wieder einmal saubere Kleider anziehen. Was würde Bunter sagen, wenn er das hier sehen könnte –«

Der Hexenmeister lachte und schaltete das Grammophon ein.

Der letzte Akt ging ordnungsgemäß vierzehn Tage später über die Bühne.

Es hatte einige Schwierigkeiten verursacht, Martha davon zu überzeugen, daß sie ihre Herrin in das Haus des Hexenmeisters bringen müsse. Der Weise war sogar gezwungen gewesen, furchtbaren Zorn zu entfalten und zwei ganze Chorlieder des Euripides zu deklamieren, bevor er sich durchsetzte. Was den Schrecknissen jenes Abends die letzte Vollendung gab, war die Demonstration der geisterhaften Effekte einer Natriumflamme, die dem menschlichen Gesicht ein leichenähnliches Aussehen verleiht, besonders in einer einsamen Hütte bei finsterer Nacht und begleitet von Beschwörungsformeln und Saint-Saëns' *Danse Macabre*.

Am Ende wurde der Hexenmeister jedenfalls mit einem Versprechen besänftigt, und Martha ging davon mit einem Zauber, auf Pergament geschrieben, den ihre Herrin lesen und danach in einem Seidenbeutel um den Hals hängen sollte.

Als magische Formel betrachtet, war das Schriftstück vielleicht nicht sehr eindrucksvoll in seiner Sprache, aber sein Sinn war auch von einem Kind zu verstehen. Es war in Englisch geschrieben und lautete:

> Sie waren krank und in Not, aber Ihre Freunde sind bereit, Ihnen zu helfen. Fürchten Sie sich nicht, sondern tun Sie alles, was Martha Ihnen sagt, und Sie werden bald wieder ganz wohl und glücklich sein.

»Und selbst wenn sie es nicht versteht«, sagte der Zauberer zu seinem Diener, »kann es unmöglich etwas schaden.«

Die Ereignisse dieser schrecklichen Nacht sind im Dorf zur Legende geworden. Man erzählt mit stockendem Atem an den Herdfeuern, wie Martha die seltsame fremde Dame zum Haus des Hexenmeisters brachte, damit sie ganz und für immer von der Macht des Bösen befreit werde.

Der Dame ging es schon viel besser durch den Zauber des Hexenmeisters, und sie folgte Martha wie ein kleines Kind auf diesem sonderbaren, geheimnisvollen Ausflug. Sie waren sehr leise aus dem Haus geschlichen, um der Wachsamkeit des alten Tomaso zu entgehen, der vom Doktor strengen Befehl hatte, die Dame nie einen Schritt vor die Tür zu lassen. Tomaso schwor später, er sei in einen Zauberschlaf versenkt worden – aber wer weiß? Vielleicht hatte es auch nur allzuviel Wein getan. Martha war ein schlaues Weib und, wie manche sagten, kaum besser als eine Hexe.

Martha und die Dame kamen also an jenem Abend in die Hütte, und der Hexenmeister redete viel in einer seltsamen Sprache, und die Dame antwortete ebenso. Ja – sie, die so lange nur wie ein Tier gegrunzt hatte, sprach mit dem Zauberer und antwortete ihm. Dann malte er merkwürdige Zeichen auf den Boden, rund um die Dame und sich selbst. Und als die Lampe erlosch, leuchteten die Zeichen in einem schrecklichen bleichen Licht. Der Hexenmeister zeichnete auch um Martha herum einen Kreis und warnte sie, ja nicht herauszutreten. Alsbald hörten sie ein Sausen, wie von großen, flatternden Flügeln, und alle Hausgeister hüpften durcheinander, und der kleine weiße Mann mit dem schwarzen Gesicht kletterte am Vorhang hinauf und baumelte an der Stange. Dann rief eine Stimme: »Er kommt! Er kommt!« und der Zauberer öffnete die Tür des hohen Kastens mit den goldenen Figuren, der im Mittelpunkt des Kreises stand, und er und die Dame gingen hinein, und hinter ihnen schloß sich die Tür.

Das Sausen wurde lauter, und die Hausgeister kreischten und schnatterten – und dann, ganz plötzlich, ein Donnerschlag und ein greller Blitz, und der Kasten zersplitterte, und die Stücke fielen zu Boden. Und siehe da! Der Hexenmeister und die Dame waren verschwunden, und niemand sah oder hörte jemals wieder etwas von ihnen.

So lautete Marthas Geschichte, die sie am nächsten Tag den Nachbarn erzählte. Wie sie aus dem furchtbaren Haus entkommen war, konnte sie sich nicht erinnern. Aber als einige Zeit später ein paar Dorfbewohner allen Mut zusammennahmen und den Ort aufsuchten, fanden sie die Hütte kahl und leer. Dame, Hexenmeister, Diener, Hausgeister, Möbel, Sack und Pack – alles war spurlos entschwunden, nur ein paar geheimnisvolle Linien und Figuren sah man noch auf dem Fußboden.

Das ging wirklich nicht mit rechten Dingen zu. Noch entsetzlicher aber war das Verschwinden Marthas, das sich drei Nächte später ereignete.

Am Tag darauf kam der amerikanische Doktor zurück. Er fand ein leeres Haus und eine Legende.

»Jacht ahoi!«

Langley spähte unruhig zur Reling der »Abracadabra«, als das Schiff aus der Schwärze der Nacht auftauchte. Sowie der erste Passagier sich anschickte von Bord zu gehen, eilte er ihm entgegen und begrüßte ihn.

»Ist alles in Ordnung, Wimsey?«

»Völlig in Ordnung. Sie ist natürlich ein bißchen durcheinander, aber Sie brauchen keine Angst zu haben. Sie ist wie ein Kind, doch es geht ihr von Tag zu Tag besser. Kopf hoch, lieber Freund – sie hat nichts mehr an sich, was Sie aufregen könnte.«

Langley trat zögernd näher, als eine verhüllte Frauengestalt behutsam auf Deck gebracht wurde.

»Sprechen Sie sie an«, sagte Wimsey. »Vielleicht erkennt Sie sie wieder, vielleicht auch nicht. Ich kann es nicht sagen.«

Langley nahm allen Mut zusammen. »Guten Abend, Mrs. Wetherall«, sagte er und streckte ihr die Hand entgegen.

Die Frau schlug ihr Kopftuch zurück. Blaue Augen blickten scheu im Lampenlicht zu ihm auf – dann strahlte plötzlich ein Lächeln in dem Gesicht.

»Ja, wirklich, ich kenne Sie – natürlich kenne ich Sie. Sie sind Mr. Langley. Ich freue mich sehr, Sie zu sehen.«

Sie drückte ihm die Hand.

»Nun ja, Langley«, sagte Lord Peter, während er mit dem Siphon hantierte, »ein abscheulicheres Verbrechen habe ich noch nie aufklären müssen. Meine religiösen Vorstellungen sind ein wenig verschwommen, aber ich hoffe, daß Wetherall in der anderen Welt etwas wirklich Scheußliches passiert. Spätestens dort!

Wissen Sie, es gab in der Geschichte, die Sie mir erzählten, ein oder zwei sonderbare Punkte. Sie lenkten meine Vermutungen von Anfang an in eine bestimmte Richtung.

Erstens war da diese ungewöhnliche Art von Kräfteverfall oder Geistesschwäche, die über eine junge Frau in den Zwanzigern hereinbrach – und das passenderweise gerade, nachdem Sie bei den Wetheralls aus- und eingegangen waren und vielleicht ein bißchen zuviel Gefühl gezeigt hatten, verstehen Sie mich? Und dann war da die Sache mit den regelmäßigen Besserungen im Befinden der Kranken, so etwa einmal im Jahr – das sprach nicht für eine gewöhnliche Geistesstörung. Es sah aus, als würde es von jemandem gesteuert.

Dazu kam, daß Mrs. Wetherall von Anfang an unter ärztlicher Kontrolle ihres Mannes stand, daß weder Familienangehörige noch Freunde existierten, die den Burschen im Zaum hielten. Weiter gab es zu denken, daß er sie so entschlossen isolierte, an einem Ort, wo kein Arzt sie zu Gesicht bekam und wo sie, selbst wenn sie lichte Augenblicke hatte, keine Menschenseele verstand und von niemand verstanden wurde. Sonderbar war auch, daß dieser Ort gerade in jener Gegend lag, in der Sie, bei Ihren wissenschaftlichen Interessen, mit ziemlicher Sicherheit erwartet und mit dem Anblick dieser schrecklichen Veränderung traktiert werden konnten. Schließlich waren da Wetheralls wohlbekannte Forschungen und die Tatsache, daß er mit einer Londoner Apotheke in Verbindung stand.

All das trug dazu bei, daß ich eine Theorie entwickelte, aber ich mußte sie erst überprüfen, bevor ich sicher sein konnte, daß ich recht hatte. Wetherall fuhr nach Amerika, das bot mir eine Chance; aber selbstverständlich hatte er strenge Anordnungen hinterlassen, daß niemand während seiner Abwesenheit das Haus betreten oder verlassen dürfe. Ich mußte also irgendwie bei der alten Martha – die eine treue Seele ist, wahrhaftig! – eine Autorität gewinnen, die jene Wetheralls braven spanischen Zauberkünstler und ein paar dressierte Katzen und so weiter und legte los, schön mit Verkleidung und magischen Requisiten, die der einfallsreiche Mr. Devant ausgedacht hatte. Ich kann auch ein bißchen zaubern, und, unter uns gesagt, machten wir unsere Sache gar nicht so schlecht. Der dort herrschende Aberglaube half uns natürlich, und ebenso das Grammophon. Schuberts ›Unvollendete‹ ist erstklassig geeignet, eine dunkle, geheimnisvolle Atmosphäre zu schaffen; auch Leuchtfarbe und die Reste einer klassischen Bildung sind äußerst dienlich.«

»Hören Sie, Wimsey, wird sie wieder ganz in Ordnung kommen?«

»Gesund wie ein Fisch im Wasser. Und ich nehme an, jedes amerikanische Gericht wird sofort die Scheidung aussprechen wegen fortgesetzter Körperverletzung. Danach – das ist Ihre Sache!«

Lord Peters Freunde begrüßten sein Wiedererscheinen in London mit leichtem Erstaunen.

»Und was haben Sie mit sich angefangen?« fragte der ehrenwerte Freddy Arbuthnot.

»Ich habe die Frau eines anderen Mannes entführt«, erwiderte Seine Lordschaft. »Aber«, beeilte er sich hinzuzufügen, »nur in rein technischer Beziehung. Darüber hinaus war da wahrhaftig nichts zu holen.«

Die Erzählungen »Der Mann, der Bescheid wußte«, »Das Perlenhalsband«, »Wasserspiele« und »Die Entführung« wurden von Gerlinde Quenzer übertragen; mit Ausnahme von »Der Mann mit den Kupferfingern« stammen alle übrigen Übersetzungen von Maria Meinert.

Inhalt

Carlo Fruttero/Franco Lucentini

Der Palio der toten Reiter

Roman. Aus dem Italienischen von Burkhart Kroeber.
3. Aufl., 15. Tsd. 1986. 200 Seiten. Geb.

»›Der Palio der toten Reiter‹ ist der aufregendste Spannungsroman, den F & L bislang geschrieben hat.« Panorama

»Fruttero und Lucentini haben mit dem Roman ein gleichermaßen witziges wie tiefsinniges und mitunter auch bitterböses Psychogramm des Durchschnitts-italieners entworfen. An der literarischen Qualität und Intelligenz des Buches vermögen auch die ordinären, ja mitunter zotigen Beschreibungen von Liebesszenen nichts zu ändern.« Tagesanzeiger, Zürich

Die Sonntagsfrau

Roman. Aus dem Italienischen von Herbert Schlüter.
1986. 527 Seiten. Serie Piper 5501

»So schön wie zwei Wochen Ferien in Italien.« Publishers Weekly

»Eine ganz neue Art Kriminalroman, brillant konstruiert und zugleich eine lächelnde Satire auf die Stadt Turin.« Paris Match

Wie weit ist die Nacht

Roman. Aus dem Italienischen von Herbert Schlüter und Inez De Florio-Hansen. 1979. 571 Seiten. Geb.

»Die italienische Literatur hat bis jetzt noch keinen Dupin, keinen Poirot oder Maigret gehabt: Nun hat sie Santamaria. Fruttero und Lucentini sind Meister in der Kunst des Kriminalromans.«
The Times Literary Supplement

Du bist so blaß

Eine Sommergeschichte. Aus dem Italienischen von Dora Winkler.
1987. 68 Seiten. Serie Piper 694

Das italienische Autorenduo hat eine meisterliche kleine Etüde geschrieben, eine witzige und bösartige Kritik an der italienischen Sommerkultur.